上海文化发展基金会图书出版专项基金资助项目

探海先锋

上海海事测绘中心　主编

上海浦江教育出版社
Shanghai Pujiang Education Press

编写委员会

主　任：刘　谨　史晓平

副主任：吴　琳　曹　源　张祥文　王保军

编　委：于　磊　程兴彪　季凯敏　胡言曌　秦　政

汤文钰　史一平　李永奎　扶　倩　高士森

王柄权　尤晨阳

上海海事测绘中心历史沿革

- 1955年5月　交通部海运管理总局海港测量队（始称珠江测量队）
- 1959年1月　海港测量队分别划归天津航道局和上海河道工程局管理
- 1959年4月　上海河道工程局测量队
- 1963年8月　上海河道工程局航标测量队
- 1964年9月　上海航道局航标测量队
- 1967年1月　上海航道局航标测量大队
- 1978年9月　交通部上海航道局勘测处
- 1981年2月　上海航道局航标测量处
- 1988年5月1日　上海海上安全监督局海测大队
- 1999年6月18日　上海海事局海测大队
- 2000年12月　上海海事局海测大队（测绘处）
- 2010年1月　上海海事局海测大队
- 2012年9月14日　交通运输部东海航海保障中心上海海事测绘中心

Preface 序

弦歌不辍，步履铿锵。

波澜壮阔的蓝色海洋，承载着薪火相传、生生不息的海测印记。65载，上海海测从1955年海港测量队起步，历经上海航道局航标测量队、上海海上安全监督局海测大队，到现在的东海航海保障中心上海海事测绘中心，从小到大、从人工到电脑、从自动化到数字化，一步一个脚印地跨进了世界海道测量的先进行列；65载，上海海测秉持“人无我有、人有我优”的理念，致力于“能力强海测、文化兴海测、人才立海测”，取得了令人瞩目的建设成就；65载，在我国港口建设、航运安全、国民经济发展中，在国内外具有较大影响的突发涉水事件中，上海海测始终砥砺奋进、笃行实干，以其精良设备、精湛技术、快速反应和担当作风，在关键时刻发挥了关键作用；65载，上海海测犁波东海、斩浪前行，用耕耘、拼搏和奉献丈量万里海疆，绘就江海蓝图，为航运发展和国民经济建设作出了海事测绘的应有贡献；65载，上海海测迈开脚步、时不我待，在改革开放的激流中，珍惜和把握每一次与国际海道测量同行交往交流的机会，取长补短，展现中国海测特色与风采……正是由于上海海事测绘中心历任班子同心筑梦、接续奋斗，才谱写出65年硕果累累的海测华章。

65 年沧桑巨变，65 年众志成城。一代又一代海测人诠释着海测精神、展现着海测形象，用共同愿景激励更多人接续拼搏、努力追梦！这段鼓舞人心、催人奋进的时代记忆，值得被回味、被铭记、被传承。2021 年，是中国共产党建党 100 周年，作为珍贵礼物，上海海事测绘中心编辑出版了这部《探海先锋》故事集，将一代代海测人经历的有意义、有价值的事，用故事的形式保存下来、流传下去，让更多人通过海测职工工作、学习、生活中的点点滴滴和千言万语，了解海测事业的过去和现在，了解海测职工的生活和工作。这是对海测文化的继承和发展，是对海测精神的宣传和弘扬。

这些历史长河中的精彩一瞬，铭刻着上海海测激情奋进的岁月，承载着每一个海测人对未来的执着。65 载历久弥新，既体现了海测筋骨架，又展现了行业精气神，这是属于新时代海测人弥足珍贵的特有精神财富！

风劲帆满图新志，逐梦深蓝正当时。希望新时代的海测人，回望来时路，阔步新征程，继续弘扬和传承“尺幅千里、追求卓越”的海测精神；希望新时代的“探海先锋”们，信仰如盘，使命如山，继续奔走在广袤的碧海青天，展现新担当、新作为！

我衷心祝愿上海海测事业在服务交通强国、海洋强国建设的征程中续写出更加辉煌的新篇章！

中共东海航海保障中心党委书记

2020 年 12 月

目录 Contents

第二篇 铸魂引领

第三篇 务实奉献

第一篇 尺幅千里

国之疆海，尺幅千里；丈量大海，开疆拓路。有这么一群人，他们日复一日地为祖国丈量着大海的尺幅，我们亲切地称他们为“海测人”。新中国成立初期，海测人深入祖国海疆的不毛之地，探索未知，刷新空白；改革开放后，海测人的身影活跃在沿海港口大开发、国家重大任务、应急抢险的第一线；新世纪以来，海测人一路向南，逐梦深蓝……本篇选取了上海海测发展的重要节点事件，探寻那些隐于波涛的“蓝色”故事。

国之疆海，尺幅千里；丈量大海，开疆拓路

第一章　扬帆起航

每一次测量，历经万水千山；每一次险情，他们敢为人先。小小海图，尺幅安江海；测绘万里，矢志求卓越。这一章记述四件重大的历史性工程，包括：外高桥如何从“危险区”被“摘帽”的测绘过程；湄洲湾港如何从一个普通渔港变身成为独具优势的天然深水良港的开港测绘过程；亚洲第一矿石中转深水港——宝钢马迹山港的开港测绘过程；世界“三大强潮海湾”之一的杭州湾的测绘过程。

外高桥“摘帽”工程记

讲述人：樊荣根　陈乃宽　李阿兔　朱克伟　丁炳泉　曹春辉
编　写：季凯敏　彭舒婷

2013年8月，国务院批准设立中国（上海）自由贸易试验区，它是一项先行先试、深化改革、扩大开放的重大国家战略。其中，外高桥保税区更是该试验区的重中之重。目前，外高桥保税区内的集装箱港区群有外一期至外六期港区。2013年，外高桥吞吐量等各项指标在全国名列前茅，为上海集装箱吞吐量保持世界第一作出了重要贡献。可是，谁会想到，在30年前，那里还是一片不毛之地，

外高桥港口夜景

甚至自 1935 年起外高桥沿江水域在海图上被明确标着“危险区”的标记，传言说那片水域下面可能有战争年代留下的炸弹和不明礁石、沉船等，这都让外高桥的开发无限延后。直到 1985 年 1 月，上海市政府同意对外高桥沿江水域进行勘察，以了解能否对这个地方进行开发。当时的上海航道局航标测量处测量二队参与了此水域的勘察任务。

今天，我们以集中访谈的形式，邀请了参与该项工程的樊荣根、陈乃宽、李阿兔、朱克伟、丁炳泉、曹春辉等6位老同志，来一同回忆、讲述三十年前的那段峥嵘岁月。

接过外高桥“摘帽”工程重担

外高桥开港测量工程在上海浦东开发和上海海事测绘发展的历史中，可以说是浓墨重彩的一笔。工程于 1985 年 1 月中旬开工，6 月份结束，历时 5 个月左右，由当时的测量二队负责测量，参与工程的人员共有 25 人。

完成这项测量工程，探明、清除水下障碍，就意味着可以摘去外高桥水域“危险区”的这顶“帽子”，进而对外高桥港区进行开发，故称之为外高桥“摘帽”工程。1985 年，上海市政府委托上海航道局和国家海洋局东海分局负责外高桥“摘帽”工程，其中东海分局负责在远岸进行测量，上海航道局则主要负责近岸的危险区水下探摸，具体由航标测量处负责实施。1 月初，航标测量处召开协调会，针对该工程的实施难度进行了深入讨论。“当时大家对于这个工程都没有十足的把握，毕竟 1∶1 000 的比例之前都没有做过，是开天辟地的第一次，而且对于当时的技术条件来说，难度是相当大的。”时任测量二队队长樊荣根说。

当时，处长周程熹和副处长赵海林经过慎重考虑想到了测量二队，二队主要负责内业、通信导航、定位系统。“当时我们队里一共有七八十人，我任队长，李迪宇副队长分管内业，陆华龙副队长负责仪器定位系统，副队长丁益民负责导航设备。”樊荣根说。周

1985年上海航道局航标测量处测量二队参与外高桥“摘帽”工程

程熹处长找了他和李迪宇，一起讨论测量二队如何实施该项工程。樊荣根表示一方面这个工程意义重大，完成这个工程对于单位以及上海的发展都有很大的益处；但另一方面又担心安全得不到保障。

在经过几番思考之后，樊荣根说：“领导派下来的任务，哪怕再难完成，只要有一线希望，我们就要尽全力去做。”当时他们考虑到这项工程虽然技术上要求比较高，1∶1 000的比例要求，很多仪器在精度上达不到，但是李迪宇副队长在测量方面是内行，用经纬仪来进行测量，技术上的问题努力一下应该也可以克服，经初步计算，能够满足精度要求。樊荣根负责工程的总协调，副队长李迪宇负责现场工作的总指挥。

决定之后，他们把二队做过测量的人全部召集起来（原本负责内业、通信导航、定位系统的有5~6个人），决定留下1~2人来保障基本工作的完成，其他人都抽调参加该工程。另外，考虑到在外面干体力活比较多，老师傅们虽然经验比较足，但体力还是抵不过年轻小伙们，在保证不影响其他工作的前提下，将队里的几个年轻小伙子也全抽过来。大致算了一下，能够参加外高桥工程测量的人总共有 25 人，包括后期支援测量队的测量组人员。就这样，他们一行人浩浩荡荡开赴外高桥。

一切为了工作，一切从工作出发

陈乃宽是在 1972 年参加工作的，当时三十多岁。“当时我的孩子还小，不懂事，我担心这一出去干活就是好几个月，有点不忍心，但是后来我想既然在这个岗位上，就要对工作有责任心和事业心，不能过多地考虑自己的得失，于是我还是参加了外高桥‘摘帽’工程的测量工作。”陈乃宽说，“而且我觉得在当时的环境下，就是要发扬艰苦奋斗，一切为了工作、一切从工作出发的精神，只有这样才能让单位更好地发展。”

李阿兔是后来一批参与外高桥工程的人员之一，他回忆道：做这个工程有几个难点。一是这个工程在当时算是要求比较高的，由于一般的仪器精度达不到 1∶1 000 的比例要求，当时的技术水平又有限，刚刚接触美国进口的微波测距仪，不是很熟悉，而且使用这个仪器还需要在岸上放两个发射点，操作不方便。二是在图纸上测线与测线之间的距离不能超过 1 厘米，如果超限，就得重做。但是由于水的流速每时每刻都在变化，船的位置也会发生漂移，在测量时很难对准测线，因此很难掌控精度，或多或少会有偏差。

于是他们就想办法。首先，在岸上竖两根导标。从岸边到海里 1 500 米的地方是此次工程的测量范围。船按两根导标对准一根线测，但是效果不好，原因是岸上的海堤只有 10 米左右，距离太短，还有很高的芦苇，导标容易被芦苇挡住，在船上看不到导标的具体位置，无法对准测量。于是，他们又用两面大测量旗（大约 2 米 ×2 米）扎在毛竹上并将其竖起来，然后进行对准，改良过后的导标高度为 5~6 米，但重量也相应增加，需要三个人来竖导标。这项工作是非常辛苦的，船在测量时导标不能晃动，而且芦苇里都是蚊虫，一天下来测量员们身上被咬得到处都是大大小小的包。尽管如此，效果还不是很好，因为比例尺越大，越难指挥，很难及时、准确地定好水深点位置。“那时候设备不先进，很多都是靠人工去完成的，不像现在，人只要在电脑上操作几下就行。当时的工作量是现在的好多倍。”李阿兔说，“当时的船小，仅能坐七八个人，船上人员的分工有掌舵、瞭望、报坐标、看测深仪、记录等，每个人都有不同的任务。在船上，要定位记录两个坐标，分别是左标和右标，一个人报坐标，一个人要马上把左标、右标记录好，接着再记录水深点，这三点都要每15秒记录一次，一分钟就得记录4次，工作半小时还可以承受，但是如果连着做几个小时就会很累。”

那时候从早上7点开始，一直干到天黑回来，船上不能做饭，饭都是自己带或由岸上送来的。有时候大家早上带点大饼、油条、水，差不多到了饭点就在船上将就着吃。“老师傅们从不计较任何东西，只知道干活，没有什么要求。领导交代下来的任务，都会及时完成，没有什么怨言。”李阿兔说。

据曹春辉回忆，当时有一项比较困难的工作——接滩。由于当时的船不能测零米线，剩下没测的五六个点，只能靠人工测量。在2月的冷天里，老同志们手拿着标尺从岸边一直往海里走，走过几步，定一个点，再走几步，再定点，如此定五六个点，但是潮水很急，靠人工去定点是很危险的。他记得当时走向海里，冰冷的海水向他全身的细胞发出了挑战，整个人在海里瑟瑟发抖，但是没办法，还得坚持着走。走到最远的地方，海水都已经没到脖子那里了，在整个过程中他都要全神贯注，因为如果一不留神，没踏稳，整个人被海水冲走就完了。他说他当时就是靠着一股信念支撑着，要尽最大的努力去克服困难，只希望最后能够达到最好的效果，交出一份完美的答卷，一举摘去外高桥“危险区”的帽子，为外高桥开发提供准确、真实、有效的数据，为外高桥码头的建设奠定坚实的基础。

朱克伟当时主要负责内业处理，工作量相当大。他负责对两条船每天的测量数据进行筛选，将没用的删除，有用的数据放到图纸上。内业工作要与外业工作相衔接，从而让外业的人知道哪些地方第二天需要补测。因此那时候他要在晚上加班加点将两个组白天测量的数据输到计算机里，并换算成坐标，再将一个个点展绘到图纸上。有时候为了在第二天天亮前将内业完成，他几乎整晚都不睡觉，但他毫无怨言。领导问他要不要再叫几个人来帮忙处理内业，他婉拒了。他觉得自己稍微累点，加把劲，是可以完成的；并且觉得自己做更放心，不容易出错。他说那时候脑子里除了想怎样把工作更快、更好地完成之外，再没想别的东西。

辛苦点儿不要紧，我不能让他们饿着肚子干活

在外高桥“摘帽”工程中，丁炳泉师傅负责后勤工作。外高桥工程开始后，他就常驻外高桥海滩旁边，条件比较艰苦。他记得那时候为了保证船员的三餐，每天起早摸黑工作，清晨天不亮就赶着去买菜，做早饭，7 点要准时开饭，时间紧凑得像打仗一样。江边有个简易食堂，他每天就在那里烧饭。在他的印象中，当时船员的伙食较差，原则上是两菜一汤，很少有大鱼大肉。白天船员们都在外面工作，不回来吃饭，他不仅要烧饭菜，还要负责将饭菜送到各个工作的岗位。当时是在春节前接的任务，天气比较冷，为了让船员们吃到热的饭菜，他不仅要把握好烧菜的时间，还要想办法对饭菜进行保温。

丁炳泉回忆，有一次，他发现食堂的米不够了，他连夜骑着自行车赶到市里买了两百斤大米，把米放在自行车后座上，打算一路骑回去。但是在上桥时，由于后座的米太重，车子前龙头翘起来了，连推都无法推，更别说骑了。无奈之下，他在路边找了 4 块砖头压住前面的龙头，但靠他一个人的力量，上坡还是很困难，最后在路人的帮助下才过了桥。随后，他又马不停蹄骑了两个小时左右赶回码头，保证同事们能在第二天准时吃到热腾腾的米饭。“同事们干了一天的活都很累，我不能让他们饿肚子，再说这也是我的本职工作，累点不算什么。”丁炳泉说。

丁炳泉回忆当时他在外边工作，照顾不到家里，妻子白天也要上班，有时晚上还要加班，家里孩子还小，没人给他做饭，只能拜

托邻居帮忙照顾孩子，想起来挺对不住孩子的。但是尽管如此，丁炳泉说起以前的那段时光还是很自豪的，觉得自己对浦东开发出了一份小力，他觉得苦点、累点都是值得的。

任务高效完成，靠的是认真负责、齐心协力的精神

“外高桥‘摘帽’工程最终能够顺利完成，最主要还是靠我们的齐心协力。这个工程中，我们大家都非常吃苦耐劳，冬天寒风凛冽、海浪拍打，夏天烈日当头、蚊虫叮咬，我们都已经习惯了，不管是老师傅还是小年轻，一个个都咬着牙坚持，从不说放弃。在外面干活时，有时需要爬高塔、定点验潮等，很多都是危险系数很高的工作，有时真的是把生命交托给一起干活的同事。我们的测量员们能做到像一家人一样，互相帮助，团结一致，这是我非常感动的地方。直到现在那些真实、感人的画面仍历历在目。”樊荣根动情地说。

陈乃宽说：“尽管当时工资是这么低，环境是这么简陋，仪器是这么落后，但是大家的心很齐，能拧成一股绳，做到劲往一处使，心往一处想，一切行动听指挥，不需要领导多做员工的思想工作。”

朱克伟回忆在大年初二那天，有朋友给他送来结婚请帖，想让他去参加婚礼，于是他向领导请假一天，但是领导没有回应他。因为当时工期本来就很紧张，如果他再离开几天，对于整个工程的进度是有影响的。他知道领导的难处，纠结了一下，最后还是决定不去参加朋友的婚礼了。后来领导问他怎么那天没去，他憨笑说：“你这不是也没说能走嘛。”

经过测量，在外高桥水域并没有发现传说中的炸弹、礁石、沉船等，只是在海底 16 米左右深处发现有一条长长的城墙，东西偏北走向，最深处有 17 米，最浅处仅有 5 米。这一测量成果摘除了外高桥“危险区”的帽子，为外高桥港区的开发提供了十分重要的参考依据。随着外高桥港区的“危险区摘帽”，外高桥水域才得以真正地开发和利用，成为浦东开发、开放和上海港发展的重要推动力量。

湄洲湾港开港工程记

讲述人：樊荣根　陈乃宽　王再明　陈国平　陈　宝　蔡德恩
编　写：季凯敏　王　超

湄洲湾港位于福建省泉州市和莆田市交界处，东临台湾海峡，三面环山，地理位置得天独厚，具有港阔水深、岸线长、航道宽、陆域大等特点，风浪影响小，不淤不冻，是“中国少有，世界不多”的多泊位天然深水良港。2012 年 4 月，湄洲湾港进行了重组，由原来的下辖秀屿港、东吴港、肖厝港、斗尾港四个港区扩充到包括泉州湾港、围头湾港、深沪湾港、兴化湾港在内的八个港区，当时预计到 2015 年，港口年货物吞吐量将达到两亿吨，一举成为福建省三大港口之一。这样一个经济发展迅速、百姓生活富裕的地方，在 20 世纪 80 年代还只是一个普通的渔港，百姓人均三分地，主要靠种植红薯维持生计。为了改变当地贫穷落后的面貌，充分发挥湄洲湾港天然深水港的优势，原交通部将湄洲湾港列为国家重点发展的四大深水中转港之一，于 1982 年开工建设。上海航道局航标测量

湄洲湾青兰山 30 万吨级航道扫测

处在当地百姓的殷切盼望中进驻工地，实施湄洲湾港开港前水深勘测工程。现在，我们有幸邀请参与该项工程的樊荣根、陈乃宽、王再明、陈国平等几位老同志，一同回忆，带我们重温那挥洒的青春、无私的奉献。

马不停蹄赴工地

1983 年接到开港工程任务的时候已经是深秋，天气开始转冷，北风初起，并不适合测量作业。但这个工程关系国家大计，早一天开港就能早一天促进地方经济发展。上海航道局航标测量处接到任务后，非常重视，迅速组建了由 6 位经验丰富的工程师组成的工前踏勘小组，由劳顺根同志带队，执行现场勘察任务。当时还没有直接从上海到莆田的火车，得先从上海坐船到福州马尾，再从福州转车到莆田，路途时间就需要 3 天。劳顺根一行 6 人马不停蹄，一到目的地就拜访了莆田市地委，了解湄洲湾港的开发筹备情况；次日就开始了实地勘察，全然不顾之前三天两夜的车船奔波。“这就像是一场战斗，冲锋号吹响后就得全力以赴。”当时的踏勘小组成员陈乃宽如是说。1983 年 11 月 5 日到 21 日，踏勘小组历时 17 天，踏遍港区的角角落落，全面收集海区地形、岛礁分布、渔网障碍、测量控制点等情况，并根据勘察情况编制了工程实施方案，圆满完成了湄洲湾港的勘察任务。

忘我奉献克难题

1983 年 12 月 15 日，湄洲湾开港工程正式开始施测，上海航道局航标测量处王学生处长亲自带队，2 个测量组、1 个内业组共计 23 人组成工程组，力争在最短时间内，安全、优质、高效地完成测绘任务。据陈乃宽回忆，当时的工程至少存在以下困难：第一，湄洲湾港是第一次测量，旧版海图资料沿用的是海军小比例尺海图，资料并不十分准确，特别是岛礁等危险区都没有标全，作业过程中的安全风险非常大；第二，冬季气候寒冷，凛冽的北风吹在脸上像刀割一样，验潮和竖标等工作十分困难；第三，湄洲湾港潮站基面关系、海底底质、水文流速流向等资料都需要从零测起，测绘任务相当繁重。面对重重困难，海测人没有退缩。岛礁资料不全，那就先趁低潮巡视一遍，标记出干出礁和适淹礁，再派人穿上救生衣依次登礁定位；气候恶劣，那就多裹衣服，带壶热水咬牙顶住；任务繁重，那就加班加点，每天多干几个小时，春节前才返回上海，元宵节前又回到了工地……“那个时候湄洲湾实在太穷了，我们都有种强烈的使命感，一定要尽快地把湄洲湾建设好，帮助改善当地百姓的生活。”陈乃宽用简单质朴的语言表达了他对这项工程的责任感，仿佛那段热情洋溢、忘我奉献的时光仍在昨天。

坚守寂寞无怨悔

王再明时任水文队队员，在工程中承担验潮工作。在他的记忆中，湄洲湾是一个非常美丽的地方：松软的沙滩、清澈的海水、远处徐徐航行的测量船，如是等等，仿佛置身在一幅幅油画中。但现实条件却是艰苦的，当地地少人多，百姓几乎没有经济来源，只能以地瓜粥果腹，连蔬菜都很少。王再明很庆幸自己从上海出发的时候不仅带了大米，还带了两大包罐头和酱菜，这些也成了王再明与房东一家增进友谊的“法宝”。由于临海，当地气候特别潮湿，王再明身上发起了皮癣，痛痒难耐，更糟糕的是米缸里的大米也逐渐受潮发霉，但是王再明没有叫苦，一直坚持到了工程结束。天气好的时候，除了准时准点验潮外，他还多了一项工作——晒大米。条件艰苦可以克服，王再明心中最难熬的是寂寞。“验潮时望着潮起潮落，余暇时看着茫茫的大海，单一的工作同枯燥的生活相伴，所以每每看到远处海面上正在作业的测量船就颇为兴奋，会情不自禁举起手来打招呼，尽管他们听不到也看不到我的招呼。尤其是后勤补给船来补给时，那种亲切感就像见到了久别的亲人。它已不止是单纯的物质需求，还有着一种精神上的期盼和慰藉……”王再明在回忆录中如是写道。对他来说，这不仅仅是在湄洲湾工程中度过的难忘时光，更是40多年工作经历的一个缩影。在海测发展过程中，无数个可敬的水文工作者就这样走过了他们的青春。

团结一致创名声

陈国平是在湄洲湾开港工程快要结束的时候来到工地的。作为青年技术骨干，他被单位委以重任，负责完成湄洲湾开港工程成果图编绘工作。当时陈国平的女儿还很小，家里需要人照顾，但是为了打响单位的品牌，他选择接受任务，挑起了制图重担。20世纪80年代，制图还全靠手工编绘：将一张透明薄膜纸覆在外业图板上，一点一点地转誊，特别是在等深线绘制、注记字体等处都有严格的要求。一幅图往往需要大半个月的时间才能绘制成形，需要花费大量的精力。在内业组领导劳顺根的带头示范下，陈国平和同事一连通宵作业三天三夜就完成了海图编绘工作，创造了一个奇迹！“当时能这么快地完成制图，靠的就是拼搏精神，领导带头、上下一心、不计个人得失，这是我们应该继续发扬的。”陈国平总结道。三天时间赶制的海图并不意味着粗制滥造，相反，编绘员的扎实功底得到了用户单位交口称赞。“当我们把海图交到当地港口部门负责人手中的时候，他看着图惊讶地说：‘这简直就是一幅艺术品，水深情况清晰、字迹工整、线条流畅，非常满意。’”说到这里，陈国平的脸上显得有些自豪，“每一幅海图就像是一个窗口，都代表着单位的形象！”

自1983年11月5日开始勘察到1984年3月31日工程验收结束，湄洲湾工程组完成了湄洲湾港1∶25 000及局部1∶10 000、1∶5 000的海图测绘工作，实施了8条断面水文测验以及岛礁定位、码头地形修测、海底底质分析等工作，提前44天完成了工程任务，为湄洲湾的开港设计提供了翔实可信的基础资料，用堪称完美的表现赢得了地方政府的好口碑。

后记：三十多年过去了，当我们与这些老同志们交流的时候，他们的言语显得很平淡，并没有觉得自己干了多大的事，只有在听到我们说起现在的湄洲湾已经发生了翻天覆地的变化、到处都是洋房别墅、百姓生活富裕的时候，他们才露出几许发自内心的喜悦。是啊，对于他们来说，湄洲湾开港工程只是漫长的测绘生涯中短短的一篇，是无数个重大工程中的一段，他们的大半生在海波中默默耕耘，用严谨、坚忍和务实的精神，给祖国的经济建设铺垫一块块基石。

为亚洲第一“铺路”

讲述人：倪国琪　高志平
编　写：季凯敏　彭舒婷　曹　源

马迹山岛位于舟山嵊泗岛西南部，原本并不起眼，400 来个居民守着一平方千米的弹丸之地“浮”在海中，常年靠用小流网船捕捞鲳鱼、梭子蟹等海产品维持生计。岛屿属海石低丘，呈鸡爪形，最高峰 114.07 米。由于长年累月的侵蚀、剥蚀作用，海岸线局部形成虹桥、孔洞、小孤山等特有的海蚀地貌景观，偶尔还会发生岩体崩落和大块石坍落现象。

2002 年，亚洲第一矿石中转深水港——宝钢马迹山港正式开港。

马迹山港区宝钢矿石码头

这个在荒凉小岛上建设的深水大港，填补了我国30万吨级港口建设的空白，承担着宝山钢铁股份有限公司的进口铁矿石中转业务，也为长江中下游钢铁企业提供进口铁矿石的运输服务。它开通了至巴西、秘鲁、加拿大、委内瑞拉、澳大利亚等国家和地区的航线，是当时亚洲建成的最大的矿石中转港。马迹山港航道狭长，进港航道有120千米，宽仅为1千米左右。进港航道由推荐航线、外航道、内航道三段组成，航道设计通航深度为22米，中转航道由中转东航线和中转西航线组成。进港航道口南侧设有候潮、引航锚地，面积9平方千米，外航道和中转东航道中间水域设有内锚地，面积7.5平方千米。

承担马迹山港进港航道通航前扫海测量工程任务的正是上海海测大队。在20世纪90年代，海测技术人员使用当时国内唯一一套德国进口的多波束测深设备对航道进行了全覆盖水深测量，并首次采用旁侧声呐系统实施水下障碍物扫测，为进出马迹山港的船只探明了未知，扫清了障碍，为这座亚洲第一的矿石中转码头铺平了开港之路，也留下了许多记忆深刻的工程往事……

纵身一跳

20世纪80年代中期港口管理体制改革，组建上海海上安全监督局（以下简称上海海监局），原航标测量处的测绘职能归属到上海海监局海测大队。马迹山工程是海测大队成立后承接的较有影响力的工程之一，工作量包括前期勘察、技术设计和水深测量、扫海等，由倪国琪担任总指挥。1995年4月开始勘察，当时参加勘察的一共有3个人——倪国琪、张伟德和赵志君，勘察内容包括潮位站位置、控制点布设以及工程组住宿点等。有一次，他们去下三星岛勘察潮位站位置，在岛的北面有码头，当时由于北风太大，船完全靠不上去。无奈之下，他们只好绕到岛的南面另找靠泊点，但南面没有码头，涌浪四处翻腾，而且由于长期被海水拍打，岸边礁石长满了青苔，可以说是“如丝般顺滑”。加上船也比较小，在涌浪作用下浮浮沉沉，从船上跳到岸上的难度不亚于从跷跷板跳到单人滑板上，难度系数可想而知。跳得过早就会掉到海中；如果落地不平稳，或者脚下抓地不牢，必将摔向海中嶙峋突兀的乱石堆中，后果不堪设想。倪国琪作为总指挥，义无反顾地冲在前面，只见他瞅准时机，纵身一跃，两手紧紧攀住岩石，像蜘蛛侠一般紧紧贴住岩石，双脚强有力地踩在岩石缝的坚固处，迅速完成了登岛，船上的人看得目瞪口呆。倪国琪上岛后，立刻叮嘱其余两人别跳了，实在太危险，由他独自一人绕到岛上去完成踏勘任务。

蛇岛惊魂

为了实现更精确的潮位控制，马迹山工程组前往徐公岛勘察。徐公岛地理位置相当好，毗邻中转航道与交界航道，岛上有海军的控制点，利用这个控制点设立验潮站，可以大大提高工作效率。徐公岛以前有人居住，但勘察的时候已是一座荒凉的无人岛。工程组一行三人上岛后，按照控制点“点之记”的指引，沿着岛上的一条老路向前走去，刚走了五六步，就见一条花蛇从他们脚下迅速游过，大家异口同声：“小心！”这条老路由于常年无人行走，茅草十分茂盛，高度及腰。倪国琪在前面开路，手里捡了根棍子，边走边“打草惊蛇”，在茅草堆里走了三五十步路，又看见一条蛇嗖嗖嗖地跑掉了。壮着胆子又向上走了几步，他们竟然看见了一条眼镜蛇，吐着蛇信子，在前方蜷着。大家只在《动物世界》里看到过眼镜蛇，这活生生的眼镜蛇看着真叫人汗毛直竖！倪国琪当时惊得跳开了五六步路，其余两人也被眼前的景象吓出一身冷汗。惊魂落定后，倪国琪对另外两人说：别再继续往前走了，虽然这个岛地理位置相当好，但是才走了四分之一的路，就碰到三条蛇，其中还有剧毒眼镜蛇。即使找到了控制点，下次再来实施测量时也无法保证不被蛇咬。为了确保人身安全，工程组最终决定放弃徐公岛，改在其他地方增设验潮站来保证工程质量。

视仪器如生命

马迹山工程组的夏志柏大病初愈，身体还比较虚弱。一天，工程组要去半山腰架设微波定位台。小山虽然只有六十多米高，但是没有路，工程组只能自己开路，而且每个人还要扛一个电瓶到山上，电瓶的质量超过 15 千克。尽管身体很虚弱，夏志柏还是坚持扛着电瓶上去了，但落在了队伍的最末端。到半山腰的时候，由于体力不支，脚下一不留神没踩稳，摔了一跤。由于小山有些坡度，夏志柏摔倒后便开始往下滑，当时他的第一反应不是保护自己，而是怕电瓶掉下去。他便一手抓着电瓶，一手再抓住一把草，越急越慌，头也昏了，脚也麻了，整个人都站不起来。其他人已经爬到控制点位置休息的时候，他还在半山腰，同行的顾金根看夏志柏还没上来，就下去找他，发现他摔倒在半山腰，马上过去将他扶起，并帮他扛起了电瓶，继续前进。

国内唯一应用

马迹山进港航道的扫测涉及 1∶500 到 1∶25 000 各种不同的比例尺，比例尺越大，对测量的要求就越高，技术难度就越大。当时海测大队将所有先进的仪器设备都用于马迹山工程的测量中，如多波束测深仪、旁侧声呐、全站仪、测距仪等，其中多波束测深仪和旁侧声呐都是第一次投入使用。当时多波束系统在世界上一共只有六套，国内仅有一套，就是应用于此次马迹山工程的这套。在实际工作中，一方面由于第一次使用新设备，还在摸索阶段；另一方面，马迹山地形较为复杂，测区内水深变化较大，最深处有五六十米，浅的地方只有十几米。这给刚接触多波束不久的技术人员提出了巨大的挑战。特别是 1∶500 大比例尺的多波束数据量相当大，两个小时的外业，内业处理需要三倍的时间，队员们经常忙到深更半夜，第二天继续实施外业测量。终于功夫不负有心人，用多波束系统做出来的数据成果相当“漂亮”，水下三维地形图完美展现了航道状况。

旁侧声呐系统在这个工程中也是第一次使用，它主要用于探测沉船、障碍物、暗礁等。可以说，多波束系统与旁侧声呐在工程中的组合使用是对传统海道测量的一次突破性尝试。

后记：《马迹山矿石中转港航道水下地形测绘》工程荣获国家第六届优秀勘察铜奖和上海市优秀测绘二等奖，在上海海事测绘中心的发展史上留下了辉煌的一笔。经过航道扫测并开港后，马迹山港便开始“发迹”，马迹山港一期、二期分别于2002年和2007年投产，三期码头也正在建设中。

杭州湾会战记

讲述人：樊荣根　陈乃宽
编　写：潘峰跃　季凯敏

在我国美丽的东海岸有一座喇叭状的豁口，这里就是世界“三大强潮海湾”之一的杭州湾海域。她西起浙江海盐县澉浦镇和绍兴市上虞区之间的曹娥江收闸断面，东至扬子角到镇海角连线，与舟山、北仑港海域为邻；她西接绍兴市，东连宁波市，北接嘉兴市、上海市，将沪、杭、甬连为一体，形成“金三角”格局。杭州湾地区是我国改革开放最具有活力、经济最为发达、城市化水平最高的地区之一。由于地理位置优越，历史上杭州湾地区的航海经济活动从未间断，早年孙中山更是在其《建国方略》中计划在此建立“东方大港”，但以当时的技术、物力、人力难以实现。

20 世纪 80 年代末，随着国家工农业的发展，杭州湾沿岸建起了上海金山石化总厂、秦山核电站、北仑矿山中转码头、镇海煤码

杭州湾大桥

头等，进出杭州湾的船舶数量增多，吨位增大。为适应水运事业发展的需要，1989 年，原交通部下达了华东沿海港口序列图测绘任务，杭州湾序列图测量工程就是其中的一部分。上海海监局海测大队（今上海海事测绘中心）为了圆满完成杭州湾序列图这个大工程，打响成立后的第一枪，投入了二分之一的人员，组建了现场工地指挥部、工地技术管理小组、工地安全领导小组、工地后勤管理小组和工地临时党支部，投入了 304 定位系统、六分仪、双曲线 6 型定位仪、微波定位仪、回声测深仪以及压力式水位计等全部测量设备，配备了中国海监 40 号、42 号、44 号，沪宝机 25-35、25-09、22-13、22-91、22-15 机帆船和钱测一号从事测深、补给、验潮工作，全部工程共计完成测深 5 200 平方千米，测线总长 5 948 千米，水准联测 2.64 千米。该工程最终获得了部级优秀勘察二等奖、国家级优秀勘察铜质奖。

抚今追昔，那段历史所体现的海测人的精神面貌、昂扬斗志值得我们重温与发扬。故特邀当年参与该工程的技术人员，以集中座谈、查阅档案的形式追忆当年施工过程中的难忘印记，以飨后人。

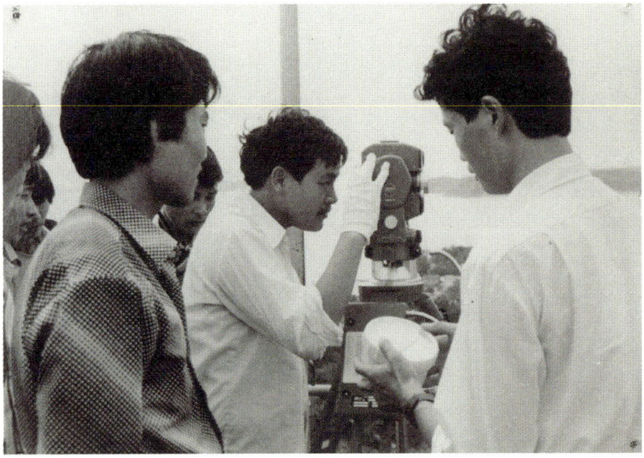

1989 年上海海上安全监督局海测大队首次完成杭州湾航道的全测量

杭州湾工程施工组织难度空前

（一）气象、水文和水下地形状况复杂

杭州湾是面向东南方向的开阔喇叭状海湾，是著名的大风浪海区，气象复杂多变，风、流、礁、渔栅、复杂的水下地形以及迷雾对船舶航行和测量工作影响严重，平均每月有效工作日仅有7~8天。

根据历年受气候条件影响的滞障天数统计，长江口区能进行水深测量的月平均天数为12~15天，即滞障天数占50%左右。据海军海测技术人员介绍，他们经过1976年一整年的测量后认为杭州湾全年月平均工作天数为7~8天，其造成滞障天的主要原因是杭州湾的独特地形。

杭州湾地形呈喇叭口状，东南方向宽达90千米，而西北方向喇叭口处只有20千米宽；水下地形也是喇叭口，水深从10米左右，缩小至收口处的2~3米，每当刮东北风、东南风、西南风时，涨水流随风从喇叭口外涌向口内，随着口子变窄、水深变浅，水位急剧抬高，形成杭州湾独特的潮头。潮头来时如同几米高的城墙，由外向内推进，对测区内的船舶安全影响极大。海军在1976年测量时曾有一艘在庵东外抛锚的定点验潮船被潮头掀翻。故在刮上述风向的风时，杭州湾内涌大浪高无法作业。

据当年勘察报告的记载，原上海河道局于1959年在该区的某些海域花了很大人力、物力、财力，战胜了多种困难，曾进行过测量，但资料仅能作内部参考使用。1973—1975年海军海测大队也进行过测量，因拼图误差超1米而未出图。后来终于在1976年调集了200多位测量人员，组建了8个验潮小组、6个水深分队、3个岸台分队和由18名内业计算人员组成的内业分队，共8条船200多名船员，历时1年余，战胜了气候恶劣、通信不便、补给不及等困难，在明、暗岛礁遍布的艰难条件下，使用无线电定位、六分仪后方交汇等定位方法，绘制出一幅杭州湾全测图。成果来之不易。

（二）潮站设置分布广、条件差

因测区辽阔，流向不一致，并有横降比存在，部分地区有潮头出现，需采用3个潮位同时控制的三角分带改正水深。除已有的大戢山、海黄山、陈山、芦潮港、金山咀、九段东等6个长期潮位站外，测区还需设置近海村（金汇港）、大洋山、两头洞（双合山）、西霍山、鱼腥脑、王盘山等8个临时潮站才能满足测区作业的需求。杭州湾工程的人工验潮站大多设在孤岛僻港处，虫多地脏，补给困难，生活条件单调艰苦。各潮站所在测区块形复杂，比如在王盘山以西有涌潮的潮头出现，并存在一些横降比；在乍浦、大小金山、滩浒山、大小白山一带水深变化悬殊，水流紊杂；测区东部为舟山群岛的一部分，更是海底地貌复杂，礁岛林立；火山列岛的大鱼山、双合山、鱼腥脑一带以及崎岖列岛的大、小洋山附近，多急流和渔栅。该测区回转流和往复流交错混杂，且测区大部分未进行过扫海测量。

王盘山为无人小岛，据海军海测技术人员介绍，该岛不能靠船，在其西北角有暗礁，曾有登陆艇触过礁。上岛人员必须自建临时房，一切生活用品，如伙食、淡水、药品等必须备齐带足，并事先联系好呼救方式和信号，充分考虑大风不能及时补给的困难条件。岛上茅草、刺棘、攀藤丛生，据当年参加设立王盘山临时潮站的方庆宪回忆，他们从北坡上去，越过山头到东南方，一路在杂草里穿梭，有的手被划破，有的脚被割出血。档案记载的一个故事充分体现了当时工作的艰苦程度和测绘人的无私奉献、勇争先锋的精神面貌：1989年11月4日，杭州湾三个验潮站首先开始设验潮尺工作。金汇港站在设验潮尺工作中因机帆船船长对海域不熟，在途中搁浅。为争取时间，尽早验潮，在组长韩伯达的带领下，4位同志先后跳入冰冷的海水中，不顾寒冷和满身泥浆，艰难地在齐胸深的海水里步行2千米，用手竖起一根坚固的水尺，确保了按时验潮。大洋山潮站人员在组长陈正官的带领下，对被撞歪的水尺重新选址，进行补设，当天上午便完成了设站工作，效率非常高。鱼腥脑潮站人员在组长周锦祥的带领下乘机帆船从大洋山出发，这时海上风力约为8级，

王盘山岛

风浪汹涌，船在临近岛屿时，涌浪推得小船几乎直立，为了安全只好被迫撤退避风。第二天一早，他们抓住风浪减弱的有利时机，一举登岛，并顺利设好水尺，校对了水准点。

工程前期准备四个多月

该工程的前期准备工作从 1989 年 6 月下旬开始到 11 月初结束，历时四个多月。

自 1989 年 6 月下旬接到《杭州湾序列图工程任务书》起，海测大队便分别组织人员收集资料、编写《杭州湾工程勘察任务书》，踏勘、编写《杭州湾工程技术任务书》和《杭州湾工程施工组织》，进行无线电定位系统岸台测定、布设调试，人工验潮站设置，物资、测量设备、船艇准备等工作。

7 月下旬开始，工程人员先后在档案室、内业队摘录了国家等级点和其他水准点 77 个；前往浙江省测绘资料档案馆抄取余姚、慈溪两县沿海陆上和岛屿的国家等级点 28 个，三、四等水准点 5 个，1∶25 000 地形图 5 幅；从余姚水利局获取到余姚地区围涂地形图 1 幅；获取浙江省地名委员会出版的《浙江省海域地名录》3 本。还收集了杭州湾灯桩、灯浮资料；从海军海测大队获取了两头洞（双合山）

临时人工验站资料；从奉贤县水文站获取了最新金汇港水文站水准点资料。

9月1日至26日，组织测量队3名工程师、内业队队长、水文队副队长、工程科及上海海监局测绘处等7人成立勘察小组，对杭州湾测区的气候、水文、平面、高程控制、设验潮站、微波参考台的位置、避风锚地、后勤补给等情况进行了全面的勘察和调查，走访了海军海测大队参与1976年杭州湾工程测量的高工，了解杭州湾水深测量的经验和教训，并于10月上旬递交了勘察报告。

9月中旬，与国家海洋局东海分局洽谈租借304–II无线电定位系统及两艘测量船的事宜，同时编制了《杭州湾测量工程技术任务书》。

10月9日，成立了由大队领导、机关各科室负责人参加的杭州湾工程现场指挥部和工地临时党支部。

10月下旬，进行了水准仪、水位计等仪器的检验校对，人工验潮站及通信器材的各种准备，并联合东海海洋分局进行无线电定位系统岸台位置测定，岸台布设调试以及人工潮站的设置。

10月底，与金山石化厂联系码头靠泊、装水、供电、指挥部选址等事宜。

10月26日，海测大队召开杭州湾序列图测量工程动员大会。

11月6日，中国海监44号、沪宝机25–09号进驻工地。至此，杭州湾工程的前期工作全部准备完毕。

克服困难，吹响集结号

据指挥部张昊天回忆，初到杭州的几天，恰巧遇到寒潮袭击，使工程的开工又耽误了几天。为了把失去的几天抢回来，11月9日上午，在测区风力仍达5~6级的情况下，沪宝机25–35号机帆船上工作的测量七组的同志冲锋在前，他们迎着寒风，苦战恶浪，在定位仪工作不稳定的情况下对仪器定位的“死角”区域果断采取了六分仪定位的方法，艰难顽强地开展测量。虽然当天只完成了十几千米的工作量，却花费了比平时多几倍的劳动力。因前几天连续下雨，七组测量员潮湿的棉被未能及时晾干，他们只能在湿棉被里熬了一夜。第二天，七组有同志提出上岸休息的请求，指挥部权衡工程情况，经过再三考虑，当时没有同意。因此七组的同志硬是咬着牙，坚持到最后。其间，总指挥钟洪基、书记王国良为此还专程登船看望、慰问了七组的同志。

不畏曲折艰苦，坚定信心打开局面

从 11 月 10 日至 15 日，施工中又遇到一个原先没有预料到的问题。因受当地同类型定位系统的干扰，施工期间经常出现船台定位仪“跑相”失锁现象，使测量工作难以定位。同时本工程的 304 定位系统也存在一些问题。针对这些情况，指挥部连夜与东海分局有关定位系统的岸、船台工作人员和本队的工程技术人员开碰头会，就这些问题进行了认真、周密的研究和磋商。11 月 11 日，副指挥叶引、工程师伍开国、测量七组组长黄申新以及东海分局导航队的一位同志在金山岸线顶着大风，攀上高高的钢架，架设天线，对仪器进行比对测试。经过两天的努力，终于完成了对岸台的精测相位误差的调整，保证了测量的精度和定位系统处于良好、可信的工作状态，但当时浙江地区定位系统的干扰仍无法完全被消除。

从 11 月 11 日至 14 日，又遇大潮汛到来，潮水汹涌，天色阴沉，能见度低。当时测量七组的同志仍然坚持在机帆船上做浅水测量；五组在大船上进行金山岛附近的断面测量。由于干扰不断，收效甚微。15 日，七组同志主动采用六分仪定位，克服视线不良、涌浪大等困难，日测线 40 千米。“要知道，他们每完成一千米都是艰苦搏斗的结果！”说到这里，樊荣根有点动情，真的是图上点连线，条条皆辛苦。16 日杭州湾南部区域工作结束，五组和七组的同志于 16、17 日两天共同完成了 435 千米的优异成绩。测量四组由于工地调换船只而耽误了几天工期，他们于 17 日傍晚返回工地后，于 18 日顶着又一个南下的寒潮大风，硬是抢出了 100 千米测线。杭州湾工程因此得以迅速推进，打开了整个工程进度的新局面。

推图板——“六分仪”海上测量定位

海岸地形测量

工程战绩显著，事迹感人肺腑

据杭州湾工作序列图专辑简报中的报道，开工20天，杭州湾工地的每一名职工都以饱满的工作热情投入到紧张繁忙的施工之中。经过四、五、七三个测量组齐心协力的工作，和鱼腥脑、大洋山、金汇港等验潮站同志的出色配合，他们克服重重困难，完成了测线2 000千米，工程完成已近二分之一，战绩显著，令人振奋。

成绩背后蕴含着同志们的付出和艰辛。开工以来，金汇港、大洋山、鱼腥脑三个潮站的同志们默默无闻地埋头苦干，为保证不间断提供测量所需的潮位，从早上5点半一直工作到傍晚，坚持验潮。当时由于仅有一条用于交通的机帆船，风浪大不能登岛，潮位低又不能进港，来回站点距离远，船速慢，各站的淡水、蔬菜补给困难，生活条件恶劣。特别是鱼腥脑岛上的验潮同志，在补给不到、少米无菜的日子中，他们发扬了艰难奋斗的精神，喝着稀粥坚持工作。在机帆船上验潮的同志，在淡水短缺的时候，只能跑很多路到河边取河水煮饭，可这水也带咸味，很难饮用，且食物简单，仅能勉强维持生存。

测量工作饱含艰辛，又连续征战，同志们的体力消耗极大，吃不好也睡不好，被子常被雨水、海水弄湿，大家超负荷甚至带病工作。测量五组组长朱家林便秘多日，仍一声不吭地认真工作；测量四组的青年职工蔡军高烧39 ℃以上，仍不肯下火线；四组另一位青年职工巢俊腹泻严重，也仍坚持工作；还有大洋山验潮站的吴福林、郑爱国同志在自行车不能使用的情况下，每天早晨从5点多开始，不顾风寒路远，来回步行1个多小时，一日数次不辞辛劳地验潮观察……

11月20日，在“海监40”号船上工作的测量四组因测深仪换能器屡次被渔网缠住，变形严重，一时无法工作。为保证工程进度，组长吴长卿和组员先后三次拆下该部件进行校正抢修，但22日换能器尾部突然断裂，在现场无法修理。当天大队领导闻讯后迅速派测量队电焊工徐德发同志连夜从上海赶去，第二天清晨他与四组的朱军同志一起下水，将断点处烧焊接妥，下午2点左右，换能器刚一焊好，四组同志又立即抓紧时间重返测量区域工作，至傍晚又抢出几十千米测线。

全体参战人员都抱着吃大苦耐大劳的精神。许多同志克服家庭困难来到工地；在作业时遇到风浪，船摇晃得厉害，许多同志边呕吐边工作；在机帆船上作业的同志衣服被海水打湿后，仍坚持工作；在孤岛上验潮的同志，适逢天不下雨，岛上生活用水困难，只能“干洗”脸和脚；由于连续大风，补给无法上岛，岛上的验潮同志只能用酱油汤下饭……但在每天高频电话汇报工作时，大家都没有一句怨言，始终以高昂的斗志克服意想不到的困难。

本次序列图测量是当时海测大队承接的单项任务中测量区域最大、测线里程数最多的一项工程。该测区属于我国沿海典型的喇叭口形河口海湾，潮差之大，闻名世界，且受风浪影响的滞障天较多，即便在如此困难的情况下，同志们仍圆满地完成了杭州湾序列图测量任务。

第二章　碧海清波

祖国的东海荡漾着碧海清波，这里有繁荣的长江三角洲经济带，上海、浙江、江苏、安徽的经济发展倚赖港口建设，倚赖便捷安全的江海航道。海测人在长江三角洲接受了一次次风雨无阻的考验，为港口建设添砖加瓦，为航道安全保驾护航。

碧海扬清波

编 写：扶 倩

2019 年是国务院正式批复《浙江舟山群岛新区发展规划》的第六年，也是浙江舟山群岛坐上祖国腾飞的火箭的第六年。昔日的渔村里高楼拔地而起，人迹罕至的沙滩边游人如织，这座历来孤悬于陆地以外的岛屿，如今港口堆满了集装箱，码头停满了吊车和来自世界各地的货船。朱家尖和普陀山的蓝天碧海向世界各地发出邀请——舟山已经成为东海海区重要的海上开放门户。

普陀山海景

一支特殊的队伍

2019 年 3 月，浙江省舟山市一栋居民楼里迎来了一群特殊的租客：他们一行 8 人，背着简单的行李铺盖越海而来。来时正值三月桃花盛开时节，踏青赏花登山的游人络绎不绝，可他们却对大好的春光视而不见，转身研究起了一堆“奇形怪状”的仪器——声呐、单波束测深仪、多波束测深仪……

他们便是来自上海海事测绘中心的测量员，从 3 月到 11 月，他们将在舟山驻扎 9 个月，来完成舟山港港口航道图测量任务。2018 年，舟山港年货物吞吐量超 10 亿吨，共开设了 200 余条国际航线。面对如此繁忙的航运交通，保障航线的安全通行便显得尤为重要，而这也是这群测量员们此行的目的。

范明华是舟山工程组的组长，对于这样的生活他已经习以为常，相比起长吁短叹的抱怨，范明华更愿意将全部精力投入到工作中去。

“今年的任务有点重啊，大家可能要多辛苦一点了。”经验丰富的他早早地给队员们敲响了警钟。今年他们要完成 6 幅港口航道图的扫测任务，扫测范围涵盖了舟山岛、衢山岛、岱山岛、朱家尖等附近海域，除此之外还有舟山虾峙门 30 万吨级深水航道水深监测、“浙石化 4 000 万吨 / 年炼化一体化项目”配套鱼山航道、锚地和炸礁区扫测等任务，任务不可谓不繁重。尽管按照计划，他们有长达 9 个月的时间来完成任务，但沿海海域一向风浪较大，7—8 月又是舟山的台风季，留给他们的扫测时间会比计划中少得多，而他们能做的便只有在风浪来临之前，尽可能地抓住扫测时机。

三月的舟山阳光正好，桃花盛开，最是人间好时节，但在这群“不解风情”的测量员们的眼睛里，却只有一幅幅水下地形的图像。

一个紧急请求

2019 年 9 月 23 日上午，当范明华和他的组员们在海面上争分夺秒地进行港口航道图扫测任务的时候，上海海事测绘中心接到舟

虾峙岛验潮水准

山海事局指挥中心发来的应急扫测请求：在舟山海域的黄兴岛西北侧和衢山岛西侧，蒙古籍 VANWAH 和朝鲜籍 KUMHAE 两艘外轮先后沉没，由于沉船位置处于通航密集水域，船舶交通流十分复杂，为避免发生次生事故，舟山海事局来函请上海海事测绘中心尽快对相关区域实施应急扫测，探明沉船位置。

险情就是命令！对于上海海事测绘中心来说，面对这样紧急的应急扫测请求，他们早已有了一套高效应对体系：立即启动应急预案，由中心领导亲自坐镇指挥，测绘管理科协调船舶管理中心、测量队等部门，依据事故发生地的天气、地点、范围等要素，科学合理地统筹调配车、船、人、设备等扫测资源，以确保应急扫测力量能够以最快速度安全抵达事故现场。

而这次，正在附近水域执行港口航道图测量任务的“浙嵊渔工80002”轮（上海海事测绘中心长期租用的测量船）及范明华带领的舟山工程项目组便是最优之选。

此时17号台风“塔巴”刚过，海面风卷浪涌，但保障航道安全刻不容缓。“浙嵊渔工80002”轮先是赶往衢山西侧，依据沉船扫测线，顶着台风的余威，经过2个小时的连续奋战，成功探测到了第一处沉船的精确位置和水下状态。

然而“战斗”远未结束。另一艘蒙古籍VANWAH沉船还在40千米外的黄兴岛。为抢抓时机，范明华带着队友们在稍作休整后又疾速奔驰赶往扫测区，尽管此时他们已奋战了两个日夜，但尽快完成扫测事故区域的决心战胜了连续熬夜带来的疲惫，检查设备、施放声呐、加密测量……这一次，他们仅用了1个多小时就扫获了沉船。

来时风嚎浪吼，归时碧海洒金，对于舟山项目组的全体成员来说，这一次两天两夜惊心动魄的奋战不过是他们服务舟山群岛新区建设、保障通航平安的一段小小插曲。落日渐沉，测量船驶离黄兴岛，继续赶赴执行尚未完成的港口航道图测量任务。

一面锦旗

在上海海事测绘中心的荣誉室里挂着一面由广厦（舟山）能源集团赠送的写有“精心测绘、科学严谨，热情服务、廉明高效”十六字的锦旗。这面锦旗的背后，是一段上海海事测绘中心加班加点积极服务舟山群岛经济建设的故事。

2019年10月17—19日，在执行舟山港港口航道图测量任务期间，“第三届世界油商大会”在浙江舟山举行。本次油商大会有中国石化联合会、新加坡普氏、英国阿格斯等国内外五十余家知名企业和机构参与，大会的召开对于中国（浙江）自贸区油气全产业链建设和我国的石油产业发展具有重要意义。

会议召开在即，作为自贸区国际油品基地核心板块之一的“黄泽山油品中转储运项目建设工程”能否如期完工，事关油商大会期间能否提供安全通航的环境，事关会议成败和国家形象。8月底，项目建设单位广厦（舟山）能源集团委托上海海事测绘中心，对该项目所配套的航道、港池、锚地、炸礁区等水域实施通航尺度核定测量。

此时正值海事测绘生产最为繁忙的季节，为确保该项目能在世界油商大会开幕前及时完成，上海海事测绘中心专门调派“海测 1”号测量船和一个测量班组，进驻黄泽山工地实施扫测作业。扫测过程中，由于先后受到“玲玲”、“塔巴”、“米娜”三个台风的直接影响，外业测量多次被迫停止。为追赶项目进度，测量班组在气象条件良好时，抢抓时机，起早贪黑；在受台风影响不能执行外业测量时，见缝插针同步进行数据处理，为后续的质检和制图争取时间。中秋、“十一”两个假期，测量员们没顾得上休息，于 10 月 8 日完成了全部外业测量和数据编写工作，成果递交一级质检。

10 月 9 日，广厦（舟山）能源集团项目负责人专程来到上海海事测绘中心，再次表达了尽快取得扫测成果的迫切需求。为此，上海海事测绘中心史晓平主任、张祥文副主任专门召开协调会，召集测绘管理科、质量管理科、测量队主要负责人一起商议，调集技术人员，争取提前完成任务。各部门通力协作，确保每道工序、各个环节对接顺畅；优化工作程序，在质检的同时开展底图制作，待质检完成取得外业数据后即刻导入，加快出图速度。

经过 5 个昼夜的攻坚鏖战，上海海事测绘中心集上下之力，终于在 10 月 14 日完成了 19 个区域共 54 幅电子扫测图纸的绘制和扫测技术报告的编制，将成果提交给广厦（舟山）能源集团，为黄泽山石油中转储运项目的建设、第三届世界油商大会提供了优质、及时的安全通航保障。

11 月 10 日，历时 9 个月完成制作的《衢山岛附近》《岱山岛至梁横山》《岱山岛至舟山岛》等 6 幅港口航道图测量项目顺利通过现场竣工验收，总测线超过 1 万千米，这意味着范明华和他的组员们终于可以鸣金收兵了。

至此，上海海事测绘中心负责的“浙江舟山液化天然气（LNG）接收及加注站”配套港池、炸礁区扫测，“舟山重要客运航线不明碍航物的应急扫测”，“朝鲜籍 KUMHAE 轮沉船应急扫测”等近十项测量项目悉数完成，测量成果按时提交给海事部门、航道管理单位和项目委托方，受到多方赞誉。

凡是过往，皆为序章。上海海事测绘中心将继续秉承“尺幅千里、追求卓越”的海测精神，一如既往发挥技术优势，为中国（浙江）自贸试验区的建设提供优质高效的测绘服务，用实际行动为长三角一体化发展、交通强国和海洋强国的建设贡献海测力量。

进博会的成功与精彩

编　写：秦　政

2019 年 11 月 5 日至 10 日，第二届中国国际进口博览会在上海举行。进博会是个“不一般”的展会，这是迄今为止世界上第一个以进口为主题的国家级展会，是国际贸易发展史上一大创举。170 多个国家（地区）、国际组织、3 000 多家参展商、40 多万采购商报名参展第二届进博会，彰显了东方大国的深厚魅力与开放胸襟。

把“绣花”功夫落在看不见的环节

11 月 1 日，黄浦公园水文站，湛蓝的海事旗随风飒飒飘舞。此时距离进博会还有 4 天。水文队的王慈樑一大早就来到站点，另外

第二届中国国际进口博览会

进博会前夕的黄浦公园水文站

两名队员茅湧刚和孙建政已经在等候了。相比首届，第二届进博会的规格更高、规模更大、影响更广，相应的水陆安保工作也要升级。除了守住安全底线，还要做到“管理无感、服务有感”，这就需要把“绣花”功夫落实到各个“看不见”的环节。黄浦公园水文站是上海海事测绘中心面向社会的重要文明窗口，为了能在进博会期间为水上安保提供可靠的潮位数据，王慈樑带着两名年轻职工仔细检查了水文站的每一台设备。站点的水位尺在雨淋浪蚀中生了锈，不仅不美观，还会影响刻度的精准度。王慈樑和茅湧刚一人喷除锈剂，一人用高压水枪冲洗尺面，足足忙碌了一上午，为水位尺做了一次彻底的“保养”。“这把水尺是2019年初更换的，增加了灯光夜视功能，在夜晚也能清晰显示潮位高度。”王慈樑介绍说。

服务进博会的年轻人

“小兵”孙建政是2018年进单位的，听到要服务第二届进博会，他心情激动又有些手足无措。自10月23日以来，第二届进博会安保工作正式进入实战，各部门、各战线都绷紧了弦，随时听候命令。压力在紧张有序中层层传导、压实。东海航海保障中心下达指令，要求航标、海测、海图等各相关单位协同上阵，在进博会期间牢牢守住上海及周边水域的清洁与安全。10 月底，正在做水位测量的王慈樑接到了上级电话，上海海事测绘中心领导要求他立刻带队出发，奔赴黄浦公园水文站。在这股由上而下汇聚的强大合力中，孙建政的想法是朴实简单的：海测人信奉“严谨、坚韧、务实、奉献”的价值观，他相信行胜于言。“我只要把专业做好，确保进博会期间潮位数据准确，就是在用实际行动融入国家大局。”那段时间，他每天早来晚走，跟着王慈樑和茅湧刚观测、记录站点数据，确保上报的数字精确到厘米。

时刻做好应急备战

时间一点点推进，距离进博会开幕的日子越来越近。巡逻监控、搜索救援、机降、航拍、医疗急救等安全演练进入了倒计时，陆地、水上、空中各项应急措施织成紧密的安全大网。王慈樑等人也愈加忙碌，在上海市公安局港航公安局执行水上安保工作期间，测绘中心水文队要全程为其提供指挥部署基地，强力配合上海市公安局港航公安局和黄浦海事局做好黄浦江以及各码头的安全维稳工作。“我们每隔 1 小时校核一次台站内外实时水位，每隔 2 小时检查水位遥报仪通信链路、楼宇闭路监控。”王慈樑特别注意每一个操作细节，水文队还将综合能力强、资历丰富的技术人员调派至现场进行技术协助，应对突发状况。上海海事测绘中心应急扫测船艇、“探海先锋”扫测团队全员处于战备状态，确保第一时间完成各类水上通航安全事故的应急扫测处置工作，确保航海保障各系统处于随时可用的良好状态。

11 月 5 日，多彩深秋，黄浦江畔，全球目光再次聚焦东方，共赴进博之约，共享全球之惠。在这场让世界惊艳的消费盛宴、产品盛会背后，有千万平凡的身影在默默负重前行。

迎战台风“利奇马”

编　写：彭舒婷

2019 年 8 月 9 日，中央气象台发布台风红色预警，第 9 号超强台风“利奇马”正以每小时 20 千米左右的速度向西北方向移动，逐渐向上海靠近。9—11 日，受台风影响，上海地区陆地最大阵风 9~11 级，海面风力达 12~14 级，滂沱大雨从天上倾泻下来，夹杂着大风，小小的雨伞根本无法替行人挡住大雨，暴雨不断击打着窗户，发出“哐哐哐”的响声，大多市民选择在家等待台风离去。

可在上海海事测绘中心有那么一群人主动挺身而出，他们闻“风”而动，自接到强台风预报后，立即启动应急预案，织密防护网，落细落小落实各项防御措施。

他们做好人力部署，周末期间值班人员驻扎复兴岛基地，24 小时备勤值守，确保能及时发现、火速响应突发险情。8 月 9 日 21:00，受台风影响，复兴岛地区部分供电线路损坏，全单位停电。这可怎么办？我们的对外服务可不能停呀。为保证对外服务不断不乱，机房立即启动应急供电，信息组工作人员冒着急风骤雨深夜赶至单位紧急抢修，于次日 04:00 左右恢复供电，并在 10 日上午进行二次抢修，确保设备与系统正常运行，照常为用户提供技术服务。

他们对所有外业人员发布了大风勿外出的安全提醒，并要求所有外业人员密切关注气象变化，随时保持联系；同时，在统一的指挥部署下，三个外埠工程的所有船舶进港避风并及时向值班室报告了锚位。

他们排查安全隐患，第一时间确认吴淞、横沙、绿华、牛皮礁和福建新建的 5 个北斗站数据接收情况，完成吴淞、五好沟等上海

“利奇马”台风向上海靠近

港水文站的设施预检工作，加固外置设备，确保各水文台站在台风期间能够安全稳定工作，持续提供稳定的水文数据支持。

他们严密监视潮汛，在横沙岛、黄浦公园水文站的值守人员连续 24 小时值班，实时监控潮汛水情变化。水文队的王慈樑就是其中的一员，为了完整收集第一手潮汛信息，他在波涛汹涌的黄浦江边进行抗台作业，严密关注着黄浦江潮汛水情变化并及时预报数据，他说：“这两天台风期间我们一直在坚守岗位，为防台防汛指挥部提供重要的数据支撑。”雨水顺着他的脸颊流下，他好像什么也没感觉到，依旧全神贯注地检测着水位，24 小时内他和值守人员检测到黄浦江水位最高达到 3.8 米，而水位警戒高度为 4.55 米。

他们是谁？他们是上海海事测绘中心每一位奋战一线的“战士们”。他们不惧风雨，不畏险阻，在与“利奇马”台风的“赛跑”行动中，以决战之姿坚守一线阵地，获得了群众“点赞”、行业认可与多家媒体赞誉。《新民晚报》头条发文《9 号台风 9 个瞬间：城市温度》；大众网发布《申城防汛抗台部门应战“利奇马”黄浦江水位得到控制》；东方头条发布《直击“利奇马”下的外滩：风力 9 级 24 小时水位最高 3.8 米》……一篇篇报道，既是对精准施策、高质量抗台的肯定，也是对全员“守初心、担使命”、“在关键时刻发挥关键作用”的颂扬。

吴淞水文站

一场超强台风，一次红色洗礼。台风“利奇马”，是一场检验他们“不忘初心、牢记使命”主题教育成果的严峻大考。风雨见证，上海海事测绘中心的党员干部们挺身而出、冲锋在前，以24小时的不间断值守，服务港航用户、履行航保承诺，用实际行动交出了一份满意的答卷。

上海海事测绘中心工作人员检测黄浦江水位

深海之“谜”

编 写：扶 倩

洋山港位于浙江舟山嵊泗县、杭州湾口外，从上海南汇启程，沿东海大桥一路驱车南下，路过一座座巨大的白色风车，当腥咸的海风吹进车窗，当集装箱的红色跳进视线，全球最大的智能集装箱码头——洋山深水港就出现在了眼前。

来往如梭的繁忙码头

每一个来到洋山港区、第一次看见这个全球最大的单体自动化

洋山深水港智能集装箱码头

智能集装箱码头的人，都一定会情不自禁地为之惊叹——巨大的集装箱高耸入云，头顶的吊车沉默无言地挥舞着长臂，码头边不时有船只鸣起汽笛准备离开或者靠岸。这座码头像是由钢铁、齿轮、机油铸成的钢铁巨兽，不知疲倦地在港口边吞吐着巨量的船舶与货物，联结起了陆地与海洋、中国与世界。她以自己傲人的身躯和先进的运营模式，成为了一张改革开放和转型发展的中国名片。

争分夺秒的“拓荒”之路

2017 年 12 月 10 日，洋山港四期码头正式开港试运营，而仅仅在两个月之前，这里的水下还被一片迷雾笼罩着——不同于肉眼可见的陆地路障，航路的路障总是隐藏在水面之下，水深、礁石、沉船……让人难以防备。这座即将迎来千万条往来船舶的港口码头能否具备一定的通航水深？水下是否安全畅通？这些问题的答案成为了洋山港四期码头能否顺利开港的关键，而答案都被掩盖在水面之下。

来自上海海事测绘中心的杜仁喜和他的四位同事，便承担了此次水下“探路”、拨开迷雾的工作。10 月 23 日，他们接到任务：入驻洋山港，务必要在洋山港四期开港之前完成通航尺度验收扫测工作。

杜仁喜从事海测工作已十余年，十余年的风雨历练早已让他对这一行得心应手，但即便是他，也感觉这次任务有些艰巨。洋山港区的水域环境不算很好，水流湍急、水下情况复杂，测量面积达 6.53 平方千米，如此巨大的工作量和复杂的测量环境，正常来说，至少需要 5 天才能完成初测工序，但这一次，为了能够尽快完成任务，杜仁喜只给了他的团队 3 天的时间。

“天一亮就出海，工作到太阳下山的最后一刻，回去之后不能休息，要立即对扫测数据进行处理，经常加班到凌晨三四点，睡两个小时天亮了又继续出海。”杜仁喜笑着介绍他们“拼命三郎”式的工作方式，“累是累了点，但我们要对数据、对业主、对航海用户负责，只有这样才能在保证进度的同时又能保证质量。”

“吹毛求疵”的完美主义

2017 年 11 月 11 日，上海海事测绘中心测绘业务科副科长钱耀麟的电脑桌面上静静地“躺”着一张图，这张图由绿色、橙色和粉色三种颜色的数据和线条组成，它就是那张由工作组争分夺秒“抢”出来的洋山港四期码头航道水深数据图。

10 月 23 日至 11 月 11 日，历时 19 天产出的这张图纸不仅是测量员们在风浪间昼夜不歇耕耘的成果，更体现了他们“吹毛求疵”的精神。

在初测完成后，工作组需要对测量数据进行核对，对于有问题的数据再重新进行补测，以确保数据的真实准确。

“不合格，重做一次。”19 天里，这大概是杜仁喜说得最多的一句话。十多年的测量员生涯让他对这些测量数据有着超乎常人的

洋山深水港东海大桥桥址水下地形测量

敏锐度，他总是可以一眼看出这些密密麻麻的数据中的不合理之处，而作为一名“完美主义者”，他对于这些不合格的容忍度总是为零。

中港疏浚有限公司洋山四期疏浚工程常务副经理许洪文对海测人的“完美主义”深有感触：“其实有的数据在我看来，误差已经很小了，但是在他们眼中却是大大的不合格。”这些不合格的数据会被全部退回去要求疏浚施工单位重新疏浚，再实施补测。

“哪怕只有 0.1% 的误差，一旦出事故，那就是 100%。”这是杜仁喜对于自己“吹毛求疵”的解释，也是上海海事测绘中心对待每一次扫测的工作态度。

没有“将就”与“差不多”，只有绝对准确。上海海事测绘中心凭借他们的专业素质和敬业精神，成功地为洋山港四期工程扫清了水下迷雾，为其顺利开港通航提供了必要数据，完成了水下“拓荒”。如今的洋山港已经是船如流水货如山，昼夜不息地为建设上海国际航运中心、积极参与国际经济一体化持续发力，而这条清洁、畅通、安全的航道则是它高效运转的基础。如今，海测人已经完成了“拓荒”洋山港的任务，悄悄离去，但海测人在服务航运、保障航海安全的路上，却从未离开……

海测北斗人的“诺曼底登陆”

讲述人：侯红彪
编　写：钱锦超

说起“诺曼底登陆”，肯定会让我们每个人想起这场目前为止世界上最大的一次海上登陆作战，而我们海测北斗人在参考站建设

鸡骨礁

过程中，也经历了一次我们自己的“诺曼底登陆”。它让参与过这次建设的每个人都记忆犹新。

天气恶劣导致登岛失败

2013年，数据信息中心技术人员在毫无经验、毫无借鉴案例的前提下，开始了长江口北斗CORS试验平台的建设。这需要在长江口建立4个参考站，其中鸡骨礁是系统建设中难度最大的参考站。鸡骨礁由3块小礁石组成，大的面积100平方米，小的面积仅25平方米。整块礁石上的建筑是用钢筋水泥浇筑而成的，礁石上没有泥土，没有人烟，甚至没有一棵树木，周围暗礁较多，浪大流急。

2013年11月12日，海测北斗人一起搬运着大批物资和设备登上了一条机帆船，开始了登岛前的准备工作。“开船了！”随着船长一声令下，只见船尾拉出一道雪白的浪花，机帆船开始前行。“今天的天气还行，风浪也不大，应该能上去。”我们互相议论着。随着眼前的江水由黄变蓝，船颠簸得更厉害了，有些人不胜颠簸，感觉头晕，只能无奈坐下休息。“右边就是牛皮礁，这里有点起浪了。”船长指着右边的海面说。这时，明显感到风浪大了起来，船舶随着风浪上下颠簸，不禁让人心中打起鼓来。

终于，船舶在颠簸中靠到了码头边上。由于鸡骨礁地形诡异，海风挟着海浪猛烈冲击礁石，形成湍流，潮水不断地推着船体靠向码头，致使船舶的一侧紧贴到了码头边上，船体发生了倾斜，人也在船上左右摇晃。大家都吓得不敢说话了，拼命抓着船上的桅杆，现场只能听到海浪拍打礁石发出的“隆隆”响声。

系泊的缆绳在船体的带动下一会儿绷紧，一会儿松开，不时发出“吱吱吱”的绝望声响，给现场增添了恐怖的气息。“外面的人赶快回船舱！”话音未落，刹那间船舱外传来了“嘣”的一声巨响，手腕般粗细的缆绳竟然被绷断了，船舶开始剧烈摇晃，所有人的心都悬了起来。看着眼前的鸡骨礁，大家无奈地摇头叹气，只能失败返航。

重整旗鼓再次登岛

困难再大，也要设法克服。11月21日，海测北斗人重整旗鼓，又一次向鸡骨礁出发。大家站在驾驶舱里，虽然想起上次登陆鸡骨礁的情景仍然心有余悸，但是决心和信念鼓舞着他们勇往直前。

船舶朝着东方全速航行，海上的朝霞徐徐拉开了柔软的雾帷，大家充满了信心。“我看了这几天的气象预报，今天上鸡骨礁的希望很大，但即使上去了，大家也要抓紧时间，下午可能天气有变。”“万一天气变了，我们就不容易下来了，那就只能待在鸡骨礁上休大假了。”

太阳在海平面上冉冉升起，给大家送来丝丝暖意，大家的心情也开始激动起来。说着说着，已经到了鸡骨礁，只见海面上出现了一个朦胧的建筑物，大家都被海上这样一个巨大的建筑物所震撼，它如航空母舰般坐落在海中，又仿佛海市蜃楼般镶嵌在海天交界处。

由于潮水较低，码头比船还高出几米，人员和物资都无法直接上岛。在鸡骨礁值守人员的配合下，岛上启动了大吊车，吊钩上悬挂着一个大铁框子。大家站在一个铁框子里，由吊车吊着晃晃悠悠地上了岛，物资和设备也陆续吊上了岛。有人不禁调侃道：“这次登岛就像去了一次海上游乐场，有惊无险。”

经过数小时的紧张工作后，所有的设备都安装到位，软件和数据传输链路通过了调试，基础设施也完成了施工。断断续续晕船、来来回回搬运，经历了多次的考验，面对孤独、危险和艰辛，大家最终还是顺利地完成了任务。

伫海礁，望天涯，渺渺青波映落霞。看到参考站建设的成果，每个人都露出了喜悦的笑容。这时天色也已昏暗下来，终于踏上了返航的航程。坐在船舱里，大家热烈地讨论着今天的工作，时不时的欢笑声回荡在海天之间。工作虽平凡，海上虽艰险，因为热爱，累并快乐着。

第三章　劈波斩浪

在上海海测发展的65年中，遇到过一次又一次的突发情况，海测人始终在待命的状态，随时准备出发，应急扫测突发的情况。只有具备实干的作风、过硬的技术、过人的胆魄，才能一次次圆满完成任务，为航运事业和地方经济的发展扫清障碍。

50年前的应急扫测

讲述人：陈乃宽　郁志嘉
编　写：钱锦超

旁侧声呐、单波束和多波束测深仪、电脑……这些都是现在的日常扫测工作以及应急扫测时司空见惯的仪器设备，我们也已经习惯于这样的工作方式。可是在50年前，在那个还在为用上电灯电话、为吃饱穿暖而奔波忙碌的年代，根本就没有这些先进设备，那时的应急扫测又是什么样呢？

三更半夜　紧急出航

1970年6月3日半夜，幕上三更天，星铺满天宇，大地已经沉睡。除了微风轻轻地、阵阵地吹着，除了偶然一声两声的犬吠，整个单位大院寂静无声。

突然，一阵急促的“咚咚咚”敲门声划破了寂静的夜。“快起来！快起来！有紧急任务！”一阵急促而又焦急的喊声，瞬时把在测量队单身宿舍里睡得正香的测量员们叫醒了。他们蒙蒙眬眬睁开眼睛，刚把门打开，队值班室的同志就冲了进来，急切地叫道：“快把衣服穿好，刚接到局值班室转来市革会的通知，要测量队派个测量组，立即出发，赶往南京浦口，执行抢险测量任务。那里洪水暴发，一些码头、库房已被冲坍，灾情还在扩大，要你们去测量水深，指导抛石抢险。”

我们二话没说，赶快穿好衣服，准备出发。可是怎么去、去多久、要带些什么，这些都一无所知。值班室同志只留下一句：“你们去北站售票窗口，就说是市革会指派去南京抢险的，他们会给你们票，到南京后车站广场有人来接。”

宿舍里只有日常用的六分仪、三杆分度仪、皮尺、断面绳和水砣绳。全部家当都带去吧，我们心想。大家整理了下衣物和装备，匆匆忙忙地踏上了抢险的征程。

从 23 点值班室来通知到集结出发，仅仅不到一个小时。

灾情严重　义无反顾

连夜坐上火车，第二天上午抵达南京。抢险指挥部的人员早已在车站广场等候，接到我们后，直接将我们送到了浦口险区。

只见尚存的码头边停满了满载块石的船和正在激流中抛石抢险的船。肆虐的洪水夹杂着折断的树枝和石块奔泻而下，像一群受惊的野马，又像凶猛的野兽，裹挟着翻腾汹涌的浊流凶猛地冲击着驳岸，铺天盖地、势不可挡，好像要吞噬一切。

不时，眼见一座座库房在洪水的冲击下，如纸糊一般地塌入水中，坍塌区连漂浮物也见不到，一下子就被浑黄的洪水卷到下游去了。岸边远处顺岸拉起了长长的警戒线，但洪水并不屈伏，它就像一把利刃猛穿猛削，把淤积撕开了条条裂缝，土块“噗噗”地落下来。近水区出现一道道顺岸的裂缝，越近水域裂缝越宽，不时还传来了“铁路塌了”“码头又塌了”的喊叫声。我们目睹了码头整体沉陷江底，仓库、路基都受到不同程度的破坏，群众的生命财产受到严重的威胁。到处充满着绝望和悲伤的气氛，让人不禁感到惊骇与恐惧。

突发意外　无畏工作

肆虐的洪水在河床里奔腾着、飞溅着，看得大家一阵眩晕，心中更增添了一份担忧与害怕，我们就要到这样的险区里去测量？但是，这是我们测量员的职责所在，不能被眼前的困难所吓倒。我们义无反顾地登上驳船，着手测量任务。

刚解开缆绳离开驳船，就看到驳船靠着的江岸全部被洪水吞噬了。当时我们都惊呆了，不知发生了什么事情，惊魂稍定，才知真相，每人心中都涌上一种劫后余生的后怕感。原来江水已掏空了岸脚，在江水的不断冲击下，先前的岸边一下子就全沉没了。原先准备去架设仪器进行观测的地方已是一片汪洋；刚才还是岸边的陆地，转眼竟已是二十多米的深潭。

经过这场劫难，我们增强了戒备。虽然抢险工作处处有危险，但是我们依然努力地工作着：六分仪定角度，皮尺量距离，水砣绳测水深，不断地向上级反馈我们的测量成果，指导他们进行抛石抢险。经过各方一个多月的共同努力，我们终于完成了南京塌方区域所有水深的测量工作，抢险人员通过抛石抢险，初步稳定了水患。

那段时间正值南京的 6 月，天气闷热，10 平方米的小屋住着十来个人，没有电扇，蚊虫的叮咬也使人难心入睡。但同志们都没有抱怨，白天奋战在抢险的一线，完成了任务。事后南京市抢险指挥部姜部长亲自来看望我们，并代表彭冲市长进行了慰问。

南京抢险工作仅是海测应急工作的一小段剪影。在海测几十年的发展历程中，这样的事例不胜枚举。虽然工作不一样，但同志们那种服从组织、听从指挥的工作精神，雷厉风行、一丝不苟的工作风格和不畏艰险、任劳任怨的工作态度却深深地烙印在每个海测人的心中。

在海测事业不断地发展的今天，虽然科技手段越来越先进，测量技术越来越高超，但是海测精神一直在保持和传承中不断发扬光大，并将引领海测人不断取得更大的成绩。

台风中坚守野黄盘岛

讲述人：劳顺根
编　写：曹　源

野黄盘岛也称王盘山岛，是个不太知名的无人岛。但如果提到它是舟山群岛的一千多座岛屿中最西面的一座岛时，人们大概就能留下点印象了。这个岛位于杭州湾内，在舟山本岛西北约 55 千米、上海金山以东约 26 千米处，距离杭州湾大桥东偏北方向约 46 千米。滚滚的钱塘江涌潮从这里浩荡起阵，奔涌进入杭州湾。早期杭州湾海图测量时，这里曾经是一处验潮点。在测量手段较为落后的 20 世纪五六十年代，在无人岛上进行验潮测量，需要克服的困难往往令人难以想象……

记得第一次进行杭州湾测量时，真是困难重重。1959 年我跟单位领导乘测量船“海航”轮来到杭州湾海图测量工地，测量期间需在野黄盘岛上设置人工验潮站。当时该岛还只是杭州湾的一个荒岛，方圆几十米的岛上除了枯枝野草，只有点鸟粪。总指挥安排三名测量员在岛上验潮，他们安装了自制的木水尺，搭起了帐篷，就生活在这个孤岛上，水和食品由“海航”轮上的小艇补给。

一天，我们正在测量，突然收听到台风即将影响测量工地的气象信息。为确保安全，我们立即派小艇上野黄盘岛，计划接验潮站人员下岛避风。不料，到了野黄盘岛附近，风力开始增大，小艇尝试了几次靠岸都没有成功。天渐渐黑下来了，风力也越来越大。我们询问了岛上人员的生活和安全情况，听说蔬菜和肉类都没有了，只剩下不多的米和水了。怎么办？风浪越来越大，在此情况下安全下岛已无可能，留在岛上又要断粮。我们权衡再三，无可奈何之下，只能叮嘱验潮人员注意安全，请他们再坚持几日，等台风过后我们再来补给。三名测量队员孤单地站在岸边，依依不舍地望着我们的小艇缓缓驶离野黄盘岛。

台风一连刮了三四天，尽管我们衣食无忧，但心中始终挂念着野黄盘岛上的三名同志。风稍小后，我们便立即从定海港出航，直驶野黄盘岛。这时岛上的验潮人员已几乎粮尽水绝，他们仅靠少量的米煮稀饭借以充饥，艰难度过了这几天。饮用水是接的雨水，菜根本就没有，帐篷东倒西歪，已经被风吹得不像样子，衣被都被淋湿了。但是验潮工具还完好无损，验潮资料也保存得完整无缺。当我们上岛补给时，只见满岛都是嗡嗡飞舞的苍蝇。侯有才同志说：躲在草丛中的苍蝇一飞起来，天空也会变黑，人都不敢走出帐篷。在吃稀饭时一不留心，苍蝇就会被吞到肚里。如果再不及时补给的话，岛上就一粒米也没有了。

风雨过后在岛上重逢，大家都感到分外亲切和高兴。

我们为验潮人员在遇到困难时表现出的大无畏精神所感动，祝贺他们战胜了困难，纷纷表示要学习他们不怕艰苦的顽强精神和对海测事业那份热爱，向他们致敬。

于我们当事人来说，这是一件令人印象深刻的事情，但在我们海测事业创业之初，这也是一件很普通的事情，是“小事一桩”。因为在海测工作中，我们遇到的类似危险情况数不胜数，但是就凭着我们每个人都有为海测事业多尽一份力的坚定信念，这些困难和危险也就显得无足轻重了。

向着“死亡之地”前行

编　写：扶　倩

2018年1月6日20:00，一向寂静的东海某处骤然爆出一声巨响，伴随着骇人巨响的是在海面上升起的冲天火焰，它以灼人眼球的亮度，将漆黑的海面照得宛如白昼。

一只来自地狱的恶兽张开了獠牙，将这片海域变成了由火焰和浓烟交织而成的墓场。灾难突至、东海悲鸣。

一份名单

凝析油又称天然汽油，挥发后会产生大量易燃易爆的有毒气体。

“桑吉”轮爆炸现场，毒雾弥漫

2018年1月6日20:00，一艘载有13.6万吨凝析油的巴拿马籍油船“桑吉”轮与香港籍散货船“长峰水晶”轮在长江口以东约160海里处发生碰撞，“桑吉”轮货舱起火，凝析油大量泄漏，引起国内外舆论的高度关注。

1月14日，在海上漂泊燃烧了8天的“桑吉”轮突然发生爆炸，并于当日16:45完全沉没，“桑吉”轮沉没后，东海航海保障中心上海海事测绘中心接到任务，以最快速度定位“桑吉”轮的水下位置。

上海海事测绘中心主任史晓平接到任务的时候并不意外，早在“桑吉”轮碰撞发生的当晚，他就已经为这一天做好了准备——作为海事测绘行业的排头兵，上海海事测绘中心有能力也有义务主动承担起这一重大任务。

“立即启动应急预案。”史主任只简单地披了一件外套就匆匆赶到了单位的应急指挥中心。

“已经联系上海航标处请求防护装备的支援，海图中心正在向我们发送测区海图，所有人员、船舶、设备正在按照预案进行调配，预计今晚即可集合完毕。”测绘管理科科长曹源有条不紊地向史晓平主任汇报。在“桑吉”轮还在海面燃烧的时候，测绘管理科已经为了这一刻做好了万全的准备。

“再确认一次随船人员。”

“本次应急任务由‘海巡166’轮承担，随船人员共30人，船舶管理中心夏兵带领23名船员负责行船工作，测量队副队长李永奎带领测量组长牛耀山和电测员陈柯、朱江、张皓负责测量工作”，念到这，曹源顿了一下，“张祥文副主任亲自带队，任现场总指挥。”

早在事件发生的第一时间，拥有着近十年测量队队长任职经验的张副主任就主动请缨，要求务必由他亲自带队。

“都是精兵啊。”史主任感慨道。从张副主任到测量员、船员，每一位都是有着多年从业经验的业内好手，三名电测员更是单位花了大力气培养起来的青年骨干。

“你就放心吧，有我在呢，我一定把他们安全带回来。”相比起会议室里沉重的气氛，早已做好了心理准备的张副主任似乎显得轻松许多。

“不是不放心你，是……”史主任欲言又止。

凝析油挥发出的气体具有高度致死性，哪怕只是碰触到一丁点儿都几乎没有生还可能。而这一次的应急扫测行动需要测量船直接行驶到“桑吉”轮正上方，也是整片海域凝析油气体浓度最高的地方，堪称“死亡之地”。

他们是要去死神面前走一遭。

史主任感觉手上的这张薄薄的纸如有千斤重，那是一份特殊的“名单”，记录着此次所有随船人员的亲属或紧急联系人的电话号码。

没有人问为什么要填写这一份名单，正如组建队伍时，没有人问是否可以退出。

有一种勇敢和无畏，是刻在海测人骨子里的。

思及此，史主任终于沉下了心：“大家先回去休息，明天一早立即出发！”

“务必全体平安归来！”

死亡之地

在“桑吉”轮沉没区域的附近，这片原本应该是繁忙热闹的水域如今沉寂得像是一副静态剪贴画：画面的背景是铁灰色的天空，乌云沉沉地压在海面上，透不进一点光来；画面的左下角是数十艘停泊着的白色的船，它们以“海巡01”轮指挥船为核心聚集在“桑吉”轮的附近，却不敢向前一步；右下角是一大片空荡、安静、死气沉沉的水域，只有深色的海水和漂浮着的油污。

在那片水域之下就静静地躺着“桑吉”轮，一艘乘坐着死神的沉船。

“报告‘海巡01’，报告‘海巡01’，我是上海海事测绘中心‘海巡166’轮，我已抵达现场，请指示。”

经过连续290海里的乘风破浪，1月16日上午07:30，“海巡

166”轮成功抵达扫测水域附近，原地等待“海巡 01”轮的下一步指示。

“请再次确认各测量设备已经调试完毕，可以随时投入使用。”

“请再次确认防护服、防护镜、手套已经佩戴妥当。”

“请再次确认船舶门、窗、通风管道已经全部关闭。”

“进入核心水域后禁止出舱、禁止明火。”

“海巡 166”轮并没有时间休息，张副主任正有条不紊地发布着一条条指令。如果说在刚出发时众人还有些许的忐忑，此刻所有人却反而都忘记了恐惧。

校准测量设备、学习防护知识、开展应急逃生演习……一天一夜的航行时间里，没有人闲下来心怀戚戚，而是专注于以最专业的态度、最万全的准备去迎接这一次挑战。

“嘀——”一声信号响后，无线电台里传来“海巡 01”轮的最新指示：“请‘海巡 166’轮做好防护准备后即刻实施扫测！”

“收到。”

所有人深吸一口气，所有的准备为的就是这一刻——

死亡之地，我们来了。

条件反射

“呜——”一阵长长的汽笛声打破了这片水域长久以来的寂静，这幅巨大的静态剪贴画在这一刻，终于动了起来。

一艘小小的白色测量船飞速地从停靠着的船舶身边掠过，笔直地向着前方那片不断涌出黑色凝析油的水域刺进，很快“海巡 166”轮便再也看不见其他船舶了，巨大的水域里只剩下它孤独前进的身影和身后拖出的白色浪花。

涌浪不断地拍打着船身，似乎是惊异于它的孤胆雄心，想要将它劝退，但海测人的心里从来没有撤退可言。

“你先休息吧，剩下的我们来。”李永奎队长担心地对测量组长牛耀山说道，牛耀山容易晕船，一天一夜的航行和严密的防护服、防毒面具让他极其难受。一来是失去了新鲜空气只能憋闷呼吸，二

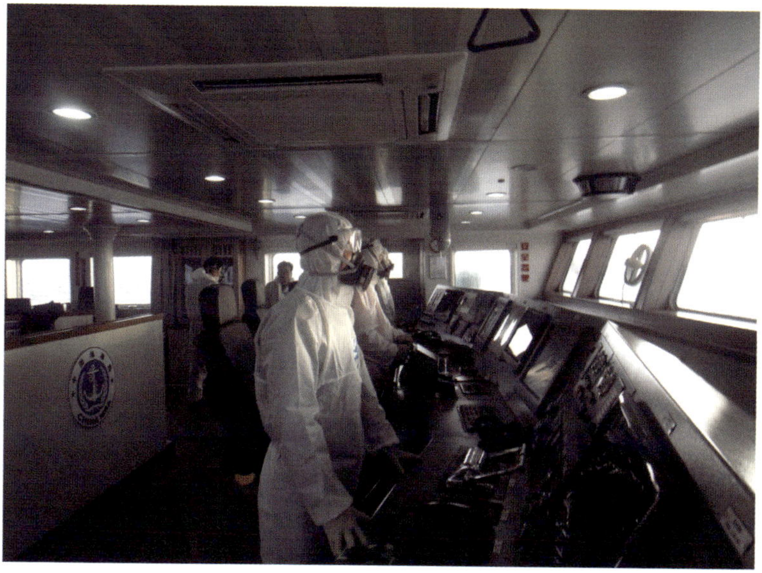

上海海事测绘中心参与“桑吉”轮应急扫测

来是晕船带来的想吐又不能吐的胃海翻滚，牛耀山的脸很快就变得通红，呼哧呼哧地喘着粗气。

牛耀山点点头，坐到了一旁的椅子上稍作休息。他望向窗外，海面上已经出现了大片肉眼可见的油污带，还有一处正咕噜咕噜地不断涌出新的油花——他们已经到达“桑吉”轮正上方，开始实施扫测。

船舱里十分安静，此刻所有人都忘记了恐惧，只有屏幕上跳动着的数字和线条能够牵动他们的心神。

“小心！”一波涌浪突然拍向船体，整艘船剧烈地摇晃起来。

李永奎刚扶着桌子站稳，就发现刚刚还在一旁休息的牛耀山突然从位子上跳了起来，一个箭步冲向电脑。

“还好，没有什么问题。”牛耀山检查了好一会儿才长舒一口气，确认刚刚的涌浪颠簸没有给测量数据带来影响才放下心来。

“你不是晕船吗？”李永奎惊奇地问道。不说还好，这一说，牛耀山才后知后觉地反应过来——“得嘞，又开始难受了。”

“这大概就是条件反射吧。”旁边的人打趣道，“咱们干测量的谁不是呢，浪一打你睡着了都得蹦起来看数据。”

来去如风

“他们怎么没去啊？”老张一大早就听说有人要去前面“桑吉”轮沉没的地方探路。原本他看见那么多船却只有一艘船孤零零地开出去，还有些敬佩，可是这才没过多久，又看见它驶回来了。

“别是害怕了不敢去了吧？”老张嘀嘀咕咕道，却被旁边的人打断：“人家啊，是扫完回来了！”

这一段真实的对话后来经常被测量员们拿来互相开玩笑，也不怪有人会产生误解，因为这次的“海测速度”实在是太快了。

08:25，“海巡 166”轮抵达核心水域，之后仅用了 8 分钟就基本定位了沉船的准确位置。为了进一步判断沉船水下姿态等信息，“海巡 166”轮以扫获的沉船位置为中心，布设井字型测线进行加密扫测。

09:45，加密测量完成，“海巡 166”轮完成任务驶离，他们安全地从死神面前走了一遭并带回了一张详细的“桑吉”轮海底扫描图，为后续的事故调查、油污处理、沉船处置等工作提供了重要依据。

80 分钟的扫测速度对于旁人来说可能足够惊异，但对于上海海事测绘中心来说却是习以为常——以最快的速度穿梭于海上事故的现场，探明水下情况，才能尽快地恢复航路畅通，保障航道安全。这份“海测速度”是技术，是实力，也是责任心。

来去如风、探影追踪，海测人将继续用他们令人惊异的“海测速度”谱写其他的应急扫测故事。“桑吉”轮的故事已经结束，而海测人的故事还在继续书写……

我确信，这就是一个集装箱

编　写：彭舒婷

桐庭多落叶，慨然知已秋。八九月份正是夏秋交接、夜露初起时候，北方天已转凉，而南方还是台风多发的时节。2018 年 8 月 24 日 10:15 左右，“嘭——嘭——嘭——”随着几声巨大的响声，长江口南槽航道水域因集装箱落水溅起了两米多高的水花……

当天 13:20，上海海事测绘中心收到东海航海保障中心转发的应急扫测航海保障任务协调书：在长江口南槽航道 S26 灯浮以南水域，“中艺泽泰”轮上的 3 个 40 英尺集装箱落水。长江口南槽航道往来船舶众多，落水集装箱成为该水域海上通航安全的巨大隐患。

“海恒 1”号轮接到应急扫测任务

职责使命就是海测人战斗的号角，排除险情对每个海测人来说都义不容辞，刻不容缓！接到应急扫测通知后，中心第一时间启动应急抢险扫测程序，组织技术人员商定扫测方案，综合考虑测量船舶当前的动态和测区气象情况后，决定调遣正在浏河口附近实施港口航道图测量任务的“海恒1”号轮，以及“升海测1”号轮立即前往事故水域。

风浪中作业

“准备旁侧声呐，快！跟我一起去调试设备。”参与应急扫测任务的陈柯迅速与组里的成员来到设备仓库，准备扫测设备。

“我们的工作比较特殊，一有紧急任务就要马上出发，所以我们都会在单位备好必需的生活用品，随时待命。”陈柯说。在与时间赛跑的应急抢险任务中，我们的测量员们一刻也不敢耽搁，立即收拾好行囊，出发。

8月25日清晨，两艘扫测船舶到达预定扫测水域附近。受到东北风的影响，测区大风呼啸，波涛汹涌，两艘船舶在风浪中一上一下颠簸前行。在甲板上，屈小刚、朱东旭两名测量员正努力地使自己保持平衡。他们一手抓紧栏杆，一手慢慢地施放声呐拖鱼，海浪不断地拍打船身，落到甲板上，溅到脸上、身上，他们浑然不觉，仍旧全神贯注地慢慢把拖鱼放到海里。施放完毕后，他们长长地舒了一口气。来不及回味刚才的艰险，又一起投入到紧张的扫测工作中。

但是随着风浪越来越大，“海恒1”号轮无法正常航行，扫测设备也受到影响，无法正常工作，不得不回撤至浦东机场附近水域待命，而“升海测1”号轮因其抗风浪能力稍强一些，继续开展扫测作业。“哕——哕——”船上两名测量员出现了严重的晕船反应。但是我们的扫测工作不能停，另外两名测量员立刻顶上，坚持在风浪中继续扫测。

“只要还有一点可以作业的可能性，我们都不能放弃。”陈柯说，而此时，他的脸色也早已变得无比苍白……

专业的判读

8月28日上午，天气稍有好转，陈柯、王广磊等人分成两个扫测小组，随“海巡1666”轮和“升海测1”号轮立即赶往集装箱落水水域继续进行应急扫测。“这块区域没有，那块区域再继续扫。”陈柯的双眼紧盯着电脑屏幕，判读着每一个数据，生怕漏掉每一个可疑的地方。

当天扫测工作进行了不到一个小时，陈柯等人就通过声呐图像发现了一处落水集装箱疑点，长约12米，周围海图水深7米左右。一直扫测到晚上6点多，天全黑了，船才抛锚。

8月29日，天刚蒙蒙亮，两艘测量船舶继续扫测。10:40，陈柯所在的扫测船舶在距离上次的疑点位置往南500米左右的地方又扫获一处落水集装箱疑点。“兄弟们，已经找到两个疑点位置了，我们再加把劲，把最后一个也尽快找到。”陈柯说。

9月1日，在测量人员们的不懈努力下，扫测过程中又发现一处落水集装箱疑点。至此，3个落水集装箱疑点都已找到，大家如释重负。接下来，就是等待打捞船潜水员下水探摸确认。

“这个疑点下面是煤堆，不是集装箱。”打捞船上的潜水员经过下水探摸后，确定两处疑点为集装箱，但有一处疑点被他们否定了。“怎么会是煤堆呢？”我们的测量员们既吃惊又疑惑，作为本次应急扫测现场负责人的陈柯第一时间将消息汇报至中心应急指挥领导小组。

本着严谨负责的态度，陈柯等人又对该疑点进行多角度的扫测。

9月1日晚，“我确信，这就是一个集装箱！”在对前方扫测现场传回的“中艺泽泰”轮第二个落水集装箱疑点声呐图像进行反复的、全面的技术判读后，测量队队长张良坚定地作出了判断。张良说：“打捞船探摸疑点的过程中可能会有定位不准的情况，但是根据多年的测量经验和无数次的集装箱应急扫测经验，这个疑点从图像上判断，轮廓还是比较清晰的，尺寸又符合40英尺集装箱的标准，是煤堆的可能性不大。”

通过声呐图像判读集装箱疑点

中心应急指挥领导小组依据技术人员的判读，向负责此次事件的浦东海事局提出再次派潜水员下水探摸确认的建议。当晚，陈柯等人再次协助打捞船进行精准定位后，打捞船潜水员再次下水探摸，确认了该疑点就是其中一个落水的集装箱，并成功打捞出水。

至此，历时9天的应急扫测任务圆满完成。所有人都松了一口气，默默在心中感叹：不容易啊，还好我们相信自己的专业判断。“抛锚，明天回去可以好好休息休息了。”船长高兴地说。

天空灰蒙蒙的，大海上一片寂静，海浪轻轻拍打着船身。“叮铃铃——叮铃铃——”一阵急促的手机铃声响起，吵醒了正在睡梦中的测量员们。“在洋山港冠东码头前沿靠泊‘美总南洋’轮上有4个集装箱落水，你们立即随‘海巡166’轮和‘升海测1’号轮前往事故水域开展扫测工作。”测量队副队长李永奎打来电话向两个扫测小组下达新的应急扫测任务指令。

“收到，马上出发。”9月2日凌晨4点，刚结束“中艺泽泰”轮落水集装箱应急扫测任务的探海先锋们立即从睡梦中起身，奔赴另一个集装箱落水事故水域……

海底 CT

编　写：彭舒婷

“嘭——嘭——嘭——嘭——”随着接连不断的巨大响声，江面迸溅起朵朵水花，而原本平静的江面此刻也像生气了一般波涛汹涌，落水集装箱随着翻涌的潮水越漂越远……

2017 年 5 月 10 日 21:57，吴淞口警戒区附近水域“顺港 19”轮上的 37 个集装箱落江。这对于平时来往船舶众多，通航异常繁忙的吴淞口水域来说无疑是一场灾难。

百分钟内紧急出航

“孙队，孙队，吴淞口有 37 个集装箱落江！请你们立即做好应急船舶扫测准备！”测绘业务科科长曹源紧急呼叫道。

10 日 22:50，上海海事测绘中心接到东海航海保障中心指令后，立即启动应急预案，中心班子领导以及各个专业部门的主要负责人连夜赶到单位组织应急力量，通知一线扫测人员迅速到单位集合。

“快！跟我一起去调试设备。”刚结束加班的测量员周鹏还没来得及放下手里的活，便立马与应急扫测人员一起来到设备仓库，调试应急扫测设备。

另一边，“海巡 1668”轮的船长安传楼也立即集结船员做好开航准备……

在不到 100 分钟的时间里，参与应急扫测的船艇、人员和设备全部准备到位。随着张祥文副主任的一声令下，5 月 11 日 00:30，“海巡 1668”轮解缆起航，星夜兼程、劈波斩浪，紧急赶往事故水域。漆黑的夜映得船上的灯光异常亮，测量旗帜在船头随风飘扬，而我们海测人的心早就飞到事故水域那儿了……

“孙队，我们也来了。有什么可以帮上忙的？”“海巡 1666”轮上的两名船员分别从松江和川沙赶到单位，气喘吁吁地问。

看到他们，船舶管理中心队长孙利明瞪大了眼睛，惊讶地问：“不是通知你们早上 6 点开船嘛，怎么这么早过来？现在才 1 点多。”

“我们怕睡过头，影响第二天出航。”两名船员笑着说。朴实的话语道出了海测人身上沉甸甸的责任感……

考虑到这可能是一场持久的攻坚战，中心史晓平主任紧急召集船舶管理中心、测量队等部门负责人商讨人手增援计划。

“算我一个。”考虑到这次事故扫测面积大、任务重，事关上海港航道排险和通航恢复，作为老测量员的张祥文副主任以身作则，主动请缨增援现场。

“可你还生着病呢。”史晓平主任担忧地说。

张祥文副主任大手一挥说：“这点病是小意思，尽快顺利完成

上海 5 · 10“顺港 19”轮落水集装箱扫测

应急扫测最重要。”

5 月 11 日，张祥文副主任亲自带队，随“海巡 1667”轮增援事故现场。

正是有着这样的一群海测人，始终秉承“严谨、坚韧、务实、奉献”的海测价值观，在关键时刻反应迅速，冲得出，勇担当，上下齐心、众志成城，打赢了一场场通航应急抢险保卫战，有力地保障了辖区水域的航行安全。

全方位“CT 扫描”

应急扫测，前 24 小时是关键。

上海港航道船舶进出十分繁忙，落水集装箱会随潮流不断漂移。如果不及时将这 37 个集装箱打捞出水，整个上海港将犹如鱼鲠在喉，随时可能引发次生事故。

5 月 11 日 02:00，“海巡 1668”轮赶到事发水域后，立即实施扫测作业。

漆黑的夜空下，海面异常平静，但是在平静的海面下潜藏着巨大的危险，稍有不慎，便有船体触碰集装箱的危险。再加上航道水域穿梭的船舶较多，随船扫测设备又是以伸出舷外拖带的方式进行扫测的，测量船舶自身的安全风险可想而知。

我们的船员和测量员们始终打着十二分的精神，提高警惕，审慎瞭望，在小心实施扫测的同时确保往来船舶的安全航行。

史晓平主任坐镇单位负责总指挥，与测量队队长张良等人仔细分析了事发水域当时的流速流向以及天气情况等因素，确定吴淞国际邮轮码头前沿和警戒区为重点扫测区域，并要求现场测量人员对该水域进行全方位、地毯式来回扫测。

“你们先去休息一会吧，我来盯着就行。”周鹏担心年轻测量员们身体吃不消，提议道。

“不，组长，我们和你一起盯着。”看着年轻海测人坚毅的眼神，周鹏仿佛看到了十多年前的自己，会心地笑了。

扫测期间，我们测量员们的工作就好比在为事故水域做全方位的 CT 扫描一样。测量员的双眼始终紧盯着电脑屏幕，对扫获的水下地貌影像进行精准判读，及时发现集装箱疑点目标。

功夫不负有心人——

“一处”、“两处”、“三处”、“四处”……“二十八处”。

在四艘测量船舶合理分工的科学施测下，扫测首日便精准定位到 28 处集装箱疑点，为及时海事应急处置和打捞提供了有力的科学依据，也为 11 日晚“海洋量子”号、“歌诗达赛琳娜”号两艘大型国际邮轮进港航线的制订提供了充分的技术支持。

至此，距 5 月 10 日 22:50 启动应急扫测预案已过去 23 个小时，部分扫测人员已连续 47 个小时没有休息了。张祥文副主任也早已喉咙嘶哑，说话都很困难了，但他仍坚守在一线协调、指挥。

而史晓平主任也连续度过了两个不眠之夜。与及时高效完成应急扫测任务相比，他更担心现场扫测人员的安全问题。在提供物资保障的同时，他更希望能再多给一线人员提供一份安全保障……

通过第一次、第二次扩大范围扫测，扫测人员对主航道、重点水域进行了多次复测。至 5 月 21 日，扫测人员们先后共定位集装箱疑点 34 处，为 29 个沉江集装箱的成功打捞和航道排险提供了及时、精准的数据支撑。同时，也为相关水域逐步恢复正常通航、最大限度减少船舶积压以及两艘大型邮轮的进出港提供了重要保障。

在这场事关上海港的安全畅通、与时间赛跑的应急攻坚战中，上海海事测绘中心先后共有 4 艘扫测船艇、70 名扫测人员连续奋战在扫测一线，扫测船艇现场工作时间合计 425 小时，累计完成旁侧声呐测线 1 978 千米，扫测面积达到了 143.7 平方千米。此次应急扫测面积之大，创下了上海海事测绘中心应急扫测工作的新纪录。

与时间赛跑

——上海海测星夜驰援"噎住"的洋山港

编 写：秦 政 扶 倩

2019年2月24日凌晨，一串急促的电铃刺破了夜的静谧，"海巡1666"轮连夜备车，准备起航了。

张凯乐是上海海事测绘中心测量队派驻"海巡1666"轮上的一名随船测量员，已经在海测战线上摸爬滚打历练了五年。面对这一突发情况，他一骨碌从床上爬起来，迅速整理好着装，冲到测量室，检查各个测量设备的连接状态，开机——他知道：应急响应来了！

而在"海巡1666"轮的主机开始发动之时，远在几十千米外的上海海事测绘中心，一场紧锣密鼓的集结已提前1个小时打响。

兵分两路火速集结

02:24，上海海事测绘中心主任史晓平被手机的来电惊醒，电话另一头传来洋山海事局分管通航安全的郭锦春副局长急迫的声音："史主任，洋山港冠东码头3号泊位'地中海特蕾莎'轮在进行装卸作业时，一个重达20吨的装轮胎的40英尺集装箱意外落水，恳请上海海事测绘中心立即派船赶赴现场实施应急扫测，搜寻落海集装箱！"

挂下电话，史晓平看了看窗外黑漆漆的夜色，陷入了思索。险情急如星火，两难的抉择就摆在他面前：一边是兄弟海事部门的请求，不容拒绝也不愿拒绝；另一边则是海测船舶夜航及作业可能带来的安全风险。

迟疑片刻，史晓平打开平时使用的值班系统，查看可用船舶的位置，并在心里默算从船舶抛锚地赶到事发码头的时间。

正在这时，洋山港海事局领导的另一通电话再次打来："史主任，你们原先安排在洋山码头做常规测量的'海巡1668'轮还在复兴岛码头停靠呢！"史晓平坚定地回答他："虽然我们一般尽量不远距离调遣夜航作业，但是只要洋山港有需求，我会想办法，尽一切可能协助你们。我看看哪条船最近，马上安排。"

在短短几分钟的电话里，史晓平迅速完成了对这次应急任务的整体布置：立即启动应急预案，由测绘业务科牵头，协调测量队、船舶管理中心、后勤事务中心共同参与此次应急扫测行动；指派离洋山港最近的"海巡1666"轮承担此次应急测量任务，立即备车准备起航，走最近航路尽快赶赴洋山港；由后勤事务中心与测量队协调，尽快调派车辆和人员将此次应急扫测所需增加配备的相关扫测设备通过陆路运往洋山港码头，和"海巡1666"轮交接。

一声令下风雷动，一场牵动多方人马的紧急集合随即铺开。测绘业务科科长曹源接到指示后，在随后不到30分钟的时间里，分别联系了测量队副队长李永奎、船舶管理中心主任孙利明、后勤事务中心主任魏学智，完成了对此次行动中人员车辆的调度和任务的分配。

03:35，"海巡1666"轮各项准备工作就绪，船长金昌梅发出"船舶起航"的指令。与此同时，留守在上海海事测绘中心复兴岛大院值班的测量队队员杜仁喜打开了仪器设备仓库进行旁侧声呐调试；后勤事务中心的司机丁元前往单位运送设备；曹源和洋山海事局取得联系，沟通协商调取与落水集装箱相关的数据资料。

至此，一场没有哨声的紧急集合已经完成，本次应急测量的"兵马粮草"已经全部就位，兵分两路，全力以赴地赶往目的地——洋山港冠东码头。

114千米的披星戴月

和水路相比，负责从陆路开车运送旁侧声呐的司机丁师傅压力没有那么大，但考虑到要给意外情况预留时间，丁师傅还是决定尽快赶往单位。此时，测量队的杜仁喜已经在等着他了。

丁师傅这边的运送队伍只有两个人，相比之下，“海巡 1666”上的 16 人的队伍显得颇为庞大。船长金昌梅是“海巡 1666”轮上第一个接到应急测量任务通知的，得益于完善的应急预案，他在第一时间就已经理好了接下来 6 个小时航程中人员的工作安排：轮机长万利负责前往机舱启动船舶主机；船长金昌梅则带着瞭望水手和舵手制订航线、驾驶船舶；其余人员留在船舱休息待命，等着 4 小时后的换班。

此时的张凯乐作为现场应急扫测的负责人，则带着测量员调试即将用到的单波束、多波束测深仪等设备及相关软件，并根据后方收集到落水集装箱的相关资料，结合当时潮流流向流速，制订现场扫测方案，布设相应计划测线，分析可能存在的各种情况，分别制订相应的预备措施。

黑暗的大海

在船上，所有人都是训练有素的战士。

俗话说“行船走马三分险”，而深夜航行的危险性是白天的好几倍。渔船、渔网、漂浮物……都是夜间不易察觉的危险因素。此时，行船安全主要依靠雷达、电子海图和驾驶员的夜视瞭望。

顺着窄窄的楼梯爬上驾驶室，这里除了各类仪表的光，几乎是漆黑一片。夜晚的光亮会影响自身及其他船只行驶，不开灯是海上的“规矩”。在操作台左边有海图导航系统，是船员们的“千里眼”、“顺风耳”，路标、拐弯点、障碍物等关键信息都能迅速查到。不过，尽管电子海图精确度很高，但在夜晚航行中还是不够的。

为了争取时间尽快赶到洋山港，必须走捷径。透过 270 度的全景玻璃窗，金昌梅带着瞭望水手，一边及时调整航线，一边以百倍的注意力观察船窗外的动态。多年历练，船员们早练就了夜视瞭望的“特异功能”，小型船舶、渔民布进航线的渔网、漂浮障碍物，这些东西难以被雷达、电子海图和自动识别系统（AIS）检测到，必须依靠肉眼的敏锐观察。

长夜漫漫，夜里的海面起了雾，能见度下降到 1 500 米以内，“海巡 1666”轮的船身仍在雾气中顽强地劈波斩浪，一夜无眠。

“灯下黑”与胜利

伴随着潮涨潮落，落海集装箱每分每秒都可能随流漂移，潜在的风险难以想象。这只 40 英尺的箱子像根巨大的鱼刺，卡在了洋山港冠东码头，港口“噎住”了。

09:20，“海巡 1666”轮到达事故现场，而更大的挑战才刚刚开始。把船舶和设备调整妥当后，测量员和船员首先要面对的就是精准定位落水集装箱这关键的一步棋。在茫茫水域中寻找一只箱子，其难度可想而知。是选择全方位、地毯式的来回扫测，还是瞄准重点水域精准排查，考验的是测量员的技术经验和判断力。

扫测在业内被形象地称为“水下 CT”，作为这次扫测任务的测量主力，张凯乐要做的就是尽快找准“病区”，开机扫描。根据之前收集的资料，研判和制定的扫测方案。他以码头方报告的位置为中心划定了一个200米×400米的长方形区域，并按可能性的大小设置4根扫测线，这样可以最大程度地保障扫测效果。当然，根据经验分析判断，最让测量员们抱有期待的还是第一根线。

10:05，“海巡1666”轮开始实施旁侧声呐扫测。出乎意料的是，在第一根线扫测完后，设备显示的结果却是一无所获。就在大家沉默苦思之际，一个闪念瞬间让张凯乐猛拍大腿，失声喊了出来：“旁侧声呐只能在船周扫描，我们会不会遇到了‘灯下黑’的情况，落水集装箱就在船底下呢？”这个观点很快让大家重新振奋起来，在“嘟嘟”的船鸣声中，“海巡1666”轮稍稍移开船身，又开始了二次扫描。这次，一个可疑图像被成功捕捉到了。

通常，一个四四方方的集装箱掉入水下后，声呐的声波接触到铁皮后反射，会出现一个亮点一个阴影，且棱角分明，如果图像比较清晰的话，出现在电脑上的瞬间技术人员就能判定。但洋山港码头周边水质混沌，声呐图像就不那么容易判读了。稳妥起见，前方测量人员把扫测图像传回后方基地，由测量队副队长韩磊组织技术组人员对声呐图像进行再次的分析判读。

与此同时，张凯乐和小伙伴们启动了多波束测深仪，对疑点位置进行多方位扫测。相比旁侧声呐，多波束测深仪在分辨率和定位精度方面有着明显的优势。经比对，测量员坚定地判定他们扫获的硬质物体正是落水的集装箱。

此时，距离扫测开始仅仅过去了1小时。本着负责的态度，疲惫了十几个小时的“海巡1666”全体人员还在原地坚守着，他们要等待集装箱打捞确认后才能撤离。有了精准位置信息的支持，下午02:45，在洋山港海事局的组织指挥下，伴着轰鸣的水浪，一个40英尺的集装箱终于重见天日！

在一片欢呼声中，这场连接前后方、集结多路人马、穿云踏浪跨越66海里、持续12个小时的应急扫测正式宣告圆满完成！

乘月而来，披霞而归。十几个小时的应急测量终至尾声，“海巡 1666”轮上，全体人员显得既喜悦又平静。在保障水上交通安全的主战场上，一场任务的结束或许只意味着新征程的开启。离开洋山港后，他们又要立刻投入到对南槽深水航道的数据处理工作中。浪花奔涌向前，那些关于海测的故事仍将继续。

寻找沉没的“浙岱渔 02611”

编 写：秦 政

2019 年 3 月 12 日凌晨，“浙岱渔 02611”船在返航时与一艘巴哈马籍货船碰撞，渔船沉没，船上 14 人落水，2 人获救，其余 12 人失联。当日，上海海事测绘中心接到上级指令，立即赶赴事发水域。4 名参与沉船扫测的亲历者为我们还原了搜寻“浙岱渔 02611”背后的故事。

渔船失事，使命呼唤，“海测工兵”再蹈海

讲述人：上海海事测绘中心主任 史晓平

2019 年 3 月 12 日清晨，我在上海海事局业务群里看到一条信息：“3 月 12 日 03:44，‘浙岱渔 02611’船与‘飞马’轮在 31° 39′ N，123° 57′ E 发生碰撞，渔船沉没，12 人失联。”

这个消息让我心情沉重，暗自为失事渔民祈祷，并通知同志们做些必要准备。上午 10 点多，我们接到了上级的应急指令：请上海海事测绘中心做好应急扫测准备，搜寻沉船！

若能为救援抢险出一份力，海测人必将全力以赴。虽然每一次应急扫测任务的出现都意味着危险，这个危险既是社会公众的，也是海测自身的。失事海域距海测船码头约 127 海里，这种远距离唯有“海巡 166”轮才能去执行任务。

“海巡 166”轮这艘 80 米级的海测船是海测人的骄傲。船上装备了先进的船舶导航、通信设备，以及浅水、中水多波束测深系统

等一系列先进测量专用设备。作为海事系统内海道测量的先锋旗舰，每逢海上有重大任务，“海巡 166”轮一马当先。

我随即召集张祥文副主任，测绘管理科、技术装备科、测量队等部门负责同志紧急召开了扫测工作部署会，对执行任务可能遇到的问题进行全面分析，明确了一系列措施：立即启动应急预案，由测绘管理科牵头，协调测量队和船舶管理中心共同参与应急任务；指派测量员、船员迅速赶赴“海巡 166”轮停泊的五好沟码头；调试设备仪器，考虑到事发地距离陆地较远，备两套声呐设备；启动 VSAT 系统，随时与本部保持联系。

14:10，各项准备工作就绪，“海巡 166”轮解缆离泊。我知道，扫测船一旦起航，就是开弓的利箭，只有义无反顾地刺入惊涛骇浪

海测旗舰“海巡 166”轮测量船

中去迎接所有未知的风险。

记得《走过西藏》这本书里有对朝圣者的描写：“西藏的土地是我们用身体丈量的。”在我看来，我们海测人也是朝圣者，是大海的朝圣者，我们出没在骇浪惊涛里，履行航海保障的承诺。

还剩 38 海里的时候，我们掉转船头往回开

讲述人：“海巡 166”轮船长　冯玉龙

07:08，我就接到了船舶管理中心主任孙利明的通知。当天长江口风力 6~8 级，外围风力 7~9 级，浪高 2~3 米。为了尽量降低危险，我计划在风浪太大的时候慢车顶航（放慢航速），迂回着走，估计次日 01:15 可以到达。不过，事后证明我的预估还是过于乐观了。

“海巡 166”轮上有 20 个船员，都是风口浪尖里翻滚过的，训练有素。平时大家常备一个行李包，接到任务拿了就走。14:00，随着“嗡嗡”的汽笛，“海巡 166”轮转动身体，驶入被风裹挟的海域。

这次行船，给我最深刻的印象就是“一波三折”。开始几个小时，我们以 14 海里 / 小时的航速往事发地赶。可是傍晚的时候起风了，21:00，大海就跟发了疯的蛮牛似的，顶起几米的浪向船砸过来。“海巡 166”轮开始急速颤抖，我赶紧让船速减慢以保持平衡，降为 4 海里 / 小时。慢车又顶了十几海里，实在走不下去了，1 700 多吨的“海巡 166”轮在茫茫大海里像一叶扁舟般左右飘摇。这个时候距离事发地只有 38 海里，虽然船员们很想一鼓作气，顶风把船硬开过去，但是理智告诉我，必须回撤，否则将置身险境。

调转回开，我们仍在狂风的肆虐区艰难辗转。夜里的大海撕掉了恬静的面纱，露出一副狰狞相。我们的船在几米落差的波峰与深谷间跌宕，大家只能用手紧紧抓住固定物，勉强保持平衡。

次日 01:00，风力弱了一点，我瞅着时机，赶紧让船掉头朝事发

地加速。可是这风像是故意捉弄我们，刚开了 1 个小时，狂风再次卷着巨浪冲上驾驶台……如此反复，船员们在惴惴不安中操纵着“海巡 166”轮破开海浪，蹒跚前行。

次日 05:20，我们终于到达那片漂着油花和漂浮物的事发海域，此时一轮红日正缓缓泅出海平面，我长舒一口气——难熬的一夜过去了。

船舱里一片狼藉，我摔倒在设备箱上

讲述人：“海巡 166”轮轮机长、“老轨”俞锦华

我从 1984 年参加工作，出海 30 多年，大风大浪见了不少，不过这次任务的风急浪险确实给我留下了难忘的记忆，也给我的腰部添了一块“勋章”。

当天，经测量队徐东成、朱东旭、盛浩、苏伟波 4 名测量员的判定，我们决定先采用多波束测深仪对测区进行扫测。风浪依旧很大，我们把前方的海况汇报给后方指挥部，很快，史主任、张副主任就发来指示，建议我们以出现油花和漂浮物的地方为中心优先搜寻，并且根据浪涌方向改为南北走线。

扫测区域大概是 2 千米 ×2 千米范围，一般沉船的漂离距离不会太远，这个范围足够了。在平时，“海巡 166”轮工作起来有点像一枚灵巧的梭子，在海面上来回“织布”，曳出一条又一条扫测线。可这次就没那么容易了。

在怒号的狂风中，船体变得踉跄，每一次转向都会出现更大的偏折。突然，“哗啦”一声巨响传来，大家都吓了一跳——原来是我们冰箱里储藏的蔬菜水果禁不住颠簸，悉数“破门而出”。这声巨响像是一个不祥的预告，很快更大的摇晃感传来，“海巡 166”轮像一个重症咳喘患者，全身抖动不已。船舱里很快一片狼藉，指挥室的椅子在左右舷乱撞，许多老海员都忍不住吐了。

我就是在船舶扫测需要转向时，没抓住可支撑的柱子，一下跌倒在插满金属设备的仪器箱上，当时一阵剧痛钻心，我两眼一黑直接倒在了地板上……

待醒转过来，我的腰直不起来了。但我并没有太放在心上，走船久了，自己也成了“半吊子”医生，像跌打损伤之类的小伤小病，自己涂个药就治了。更何况，应急扫测工作还在继续，在风浪里行船转向，年轻的轮机员经验不足，需要我这个“老轨”坚守岗位，继续指挥。

多波束图像出现了明显的凸起，像船的轮廓

讲述人：上海海事测绘中心测量员 徐东成

“老轨”的受伤让大家都很担心，不过这次的扫测效率是非常高的。当时大家都信心满满，船上的大副就跟船长冯玉龙打赌：“两根测线以内，肯定能找到沉船。”船长则坚持说要扫到三根。结果“海巡 166”轮在海上“扫描”了两轮，显示屏还是空空如也。这时候大概是 06:50 吧，到了交接班的时候，大副只能失望地下去休息。没想到他刚走，多波束信号就被捕获了！屏幕上显示出一个明显的凸起，可以看出是船的轮廓。这个发现让大家都很兴奋，也不知道这个赌算船长赢了还是大副赢了呢？

其实，我们应急扫测在某种程度上也是一种赌，我们押上自己的全部专业技术，与变幻莫测的大海赌，和不可预知的运气赌。

通过多波束信号，可以准确地判断我们找到了一条沉船，但这仅仅是第一步，之后还有进一步信息确认过程：我们结合纸海图和电子海图判断，该事发水域附近无历史沉船相关资料；该沉船位置与资料收集获得的概位比较吻合；该沉船位置附近存在油花带；根据多波束扫测获得的准确沉船位置，我们施放旁侧声呐，通过不同

方向精扫，获得不同角度沉船图像，并从图像中分析得到，该船依然存在漏油情况——基于以上的综合分析判断，我们认为该疑似沉船应该就是我们所要找的“浙岱渔 02611”！

接下来，我和盛浩、朱东旭开始对该沉船的多波束数据进行进一步精处理，生成精确可用的多波束三维立体图和实时水深图。

大约 10:00，经过几个小时的反复甄别，我们把包含了沉船中心位置、艏向、船周水深等一系列信息的扫测快报发回中心值班室，应急扫测工作至此顺利结束。值得一提的是，这次也是我们应急测绘通信手段的一次重要尝试。以往，后方指挥中心对扫测进展情况、扫测成果等关键信息无法及时获取，对现场的技术支持有一定局限。现在“海巡 166”轮配备了 VSAT 卫星通信系统，我们在外海也可以通过微信视频电话与指挥中心实时沟通，真正做到了身在远海，近若咫尺。

后记：应急扫测工作充满未知和风险，此次搜寻任务，上海海事测绘中心“海巡 166”轮全员无愧使命，从风和日丽的下午到风起浪涌的长夜，“海测工兵”不惧艰险，精准定位水下 45 米沉没渔船。他们用踏浪蹈海、无畏奉献的精神践行着海测初心，成就新时代的“探海先锋”。

风驰电掣寻沉船

编 写：扶 倩 季凯敏

日渐西沉，乌云黑压压地压在海面上，一艘停靠在鱼山岛北面的货船同风浪斗争了一天，此时已精疲力竭。巨浪推涌追逐，层层叠叠地拍打着船侧，裹着狂风冲向了布满乌云的天空，又狠狠地向着海面砸下来。小船无助地随着海浪翻滚起伏，此时天地之间只剩下海浪的嘶吼声，仿佛要把天空掀翻。那艘小船在这狂风巨浪中摇摆瑟缩着，终于没能抵抗住，像一片落叶一样，消失了……

"使命必达！"——2019 年入秋后看似平凡的一天

"9 月 3 日上午，舟山海事局接报称'新安达*'号货船出海后至今未归，其他船只以各种方式尝试与其联系未果。初步判断，该船已于 9 月 2 日 18 时左右在鱼山岛北面水域沉没，为保障该水域的航行安全，防止发生次生事故，请上海海事测绘中心协助实施应急扫测。"这天，上海海事测绘中心主任史晓平刚踏进办公室就接到了这样一条应急指令。长期的职业习惯使得一连串信息迅速在他脑海里飞掠而过——

"目前，单位测量船'浙嵊渔工 80002'正在鱼山附近执行常规测量任务，预计能在 2 小时内抵达事发水域，然而尽管狂风已过，气象预报海上风力仍有 7~8 级风；应急扫测设备是否在船？

"鱼山附近航道密集，为保障通航安全，必须赢得时间。探海先锋，使命必达！"

一番思索之后，史主任拨通了测绘管理科科长曹源的电话："请立即启动应急预案，协调测量队等各部门立即组织实施沉船应急扫测。”

“浙嵊渔工 80002”船接到了单位发来的指令：请立即开船，实施“新安达 *”沉船应急扫测。

“立即出发！”——刚返航便又要启程

为了抢抓好天气，上海海事测绘中心舟山工程组已经在海上漂荡了小半个月了，昨天才回到陆地，因为台风“玲玲”即将到来，工程组才有个难得的假期。

“加入虫草菇、冬瓜、姜片，慢炖一小时……起锅撒葱花，白汤点翠，肉酥骨烂……”组里厨艺最好的褚宇宾正写着菜谱，盘算着晚上给辛苦多时的兄弟们做一顿大餐；组长范明华正坐在沙发上和久未联系的妻子打着视频电话，场面一片温馨。

“叮铃铃——”一阵急促的电话打破了屋内难得的安逸闲适。

“嗯，好，没问题！”寥寥数语却让范明华的脸色凝重了起来。

“应急？”老褚手一顿，瞬间从范明华的脸上读懂了电话的内容。

“有一艘船在鱼山沉没了。”

老褚心下一沉，立即放下了笔起身，“我去换衣服！”

“不用。”范明华沉思道，“这艘船肯定没漂远，我带着老杜和两个小年轻过去，你就留在基地给我们准备晚餐吧！”

“晚餐？”褚宇宾有些讶异，“老范，光来回可就要近 4 小时，来得及吗？”

“必须要来得及！”范明华蹲着收拾装备，他拍了拍声呐盒，就像拍着老朋友的肩，说：“老兄弟，走，鱼山走一趟！老褚，就等我们的好消息吧！”

方才还热闹的房间忽然安静，桌上写了一半的菜谱被一阵风吹落在地，钢笔滚了两个圈儿发出咕噜噜的声音，仿佛刚刚热闹的气氛都是幻觉。褚宇宾愣了一会儿，望着范明华离开的背影，高喊：“好，等你们回来一起喝汤！”

“就是它了”——鱼山附近的海域上

烈日照射下的海面璀璨多金，一艘测量船行驶其上，蓝白相间的旗帜傲立船头，向大海的深处驶去。

“换能器静吃水值测量完毕。”

“声速仪调试完毕，声速数据采集完毕。”

“声呐连接测试一切正常，测前准备工作已经结束，可随时开展扫测。”

范明华从电脑前抬起头，总算是在抵达测区前完成了准备任务。他长舒了一口气，起身走出舱门。今天的天气晴朗得有些过头，毒辣的阳光从万里无云的天空穿刺而来，风吹来四面八方的热浪，让人无处躲藏。他知道，这样“晴朗”的天气，恰恰是台风在积聚力量的前兆，这让他的心情更加急切。

经验丰富的杜仁喜从一上船起就在摇晃的甲板上忙于调试各项仪器。“最后再检查一遍仪器状态，马上就要到了，不能掉以轻心。”杜仁喜擦擦头上的汗，埋头说道。

过了一会儿，梁伟佳从船舱里探出头来：“范组，已到达测区附近！是否开展扫测作业？”

范明华三步并作两步来到测量室，“老杜，按照之前计划执行扫测作业！”上海海事测绘中心测绘管理科按照船舶沉没的预判位置为他们划定了20根测线，而范明华在来的路上早已依照可能性大小，为这20条线安排了扫测顺序。

“收到！”甲板上的热浪热不过这一群人身上流淌着的热血，随着吊索的释放，声呐缓缓地沉进海底，成为他们的“千里眼”。

范明华坐在电脑前，紧盯着屏幕上的数据。屏幕上的线条不断地跳动着，旁人看来云里雾里的数据在范明华的眼里却是一张张清晰的海下全景扫描图。“第一条线扫测完毕。”一无所获！范明华皱起了眉，这与他的设想不同……他陷入了沉思：对沉船位置的判断他有着足够的自信，然而声呐扫测的范围较窄，失之毫厘、差之千里，人眼观测范围开阔，而沉船如果没有漂走太远，那附近一定会漂浮着油污带……“老杜，海面极有可能有油污带，注意加强瞭望！”

“收到！”小船应声开始了对第二条线的扫测，依旧一无所获……范明华一刻都不敢分神，第二条线已经从东往西扫测完毕了，但屏幕上依旧空空如也。

突然听到杜仁喜大喊：“我看到油污带了！”

“快，快，从油污带上扫过去！”随着“浙嵊渔工 80002”的行进，电脑屏幕上慢慢显现出了一条船的轮廓。

“找到了，应该就是它！”徐俊洲开心地喊道，而经验丰富的范明华却显得更为镇定：“还没结束！我们使用多波束进行加密扫测再次确认。”多波束扫测比声呐扫测要精确得多，可以展现水下的 3D 立体图像，随着屏幕上显示那越来越清晰的水下沉船影像，“浙嵊渔工 80002”的发动机轰鸣声都变得悦耳了起来。

15:44，沉船的准确位置被确定，距离他们开船仅过去了 3 小时，距离扫测作业的开始只过去了 1 小时 11 分钟。

“暂时不回”——电话的两头

汤已经在灶上用小火慢煨煲了两个小时了，绵长的香气在厨房里打转。

手机里传来一条消息：“老褚，我们暂时回不去了。”

褚宇宾内心咯噔一下，立即打了个电话过去。

“老褚，沉船已经扫测到了！但台风也马上就要来了，为了赶时间，我们决定直接去完成洋山港四期码头的航道检测任务，不回基地了。”范明华挂掉电话，开始编写扫测任务报告。

海上暮色

暮色四起，毒辣的太阳渐渐失了威势，变得温柔了起来，安静地铺在那面蓝白相间的旗帜上。

“云水间铸造忠诚，风浪里尽显本色，我们就是江河湖海的魂魄……”不知道是谁愉悦地哼起了歌，歌声散落在风里、海里和飘扬着的海测旗帜里——那是属于海测人的使命与荣光。

迎疫而上　30 小时锁定沉船

编　写：秦　政　季凯敏

“连云港籍干散货船‘神洲 19’轮在舟山大鱼山北侧海域沉没，请求给予沉船扫测和设置沉船标等工作支持。”2020 年 2 月 17 日上午，东海航海保障中心收到舟山海事局来函。

险情就是命令。虽然在过去的几年里，上海海事测绘中心经历了大大小小几十次应急扫测，风浪里翻滚出的经验让这个团队练就了过硬的应急扫测本领，然而这一次，非同以往——

这个春天，新冠疫情还在肆虐，疫情防控的形势依然严峻。普通人可以“宅在家中作贡献”，这群参与应急扫测的“探海先锋”们却必须担起保障水上安全的使命，成为风浪里的“逆行者”，与时间赛跑的“竞争者”。

探海先锋，与风浪和时间赛跑

2 月 17 日 08:20，上海海事测绘中心接到应急扫测任务。

2020 年的春天，新冠肺炎疫情，以迅雷不及掩耳之势，席卷而来。得益于上海海事测绘中心在疫情初期制定的“一手抓防疫、一手抓履职”的应急预案，疫情防控期间海测应急力量始终处于待命状态。上海海事测绘中心主任史晓平在接到信息后立即指示：“落实好船舶和人员防疫措施，立即集合人员，调试好设备，调遣扫测船舶尽快赶往舟山水域。”

事发水域的海图水深仅约 9 米，根据沉船的基本信息预判，沉船上方水深较浅，以吃水较小的中小型扫测船前往扫测为宜。可这两日天气状况不佳，江浙沿海大风蓝色预警高挂，舟山海域预报风力达 7~9 级，中小型扫测船难以应对风浪。上海海事测绘中心应急指挥领导小组经过审慎考虑，制定了折中方案——派遣 80 米级“海巡 166”轮前往事发水域，采用声呐探索方式先找沉船，同时，安排另一艘吃水较小的扫测船舶做好支援准备。

接到指示后，各部门立即行动，按照应急预案迅速有序地开展各项准备工作。测量队应急人员立即前往仪器设备仓库领取旁侧声呐和 GPS 设备，并在最短时间内完成出库检查和调试；船舶管理中心通知“海巡 166”轮全体船员到船并做好开航准备；综合保障组派遣应急车辆，运送应急人员和扫测设备急速驶往五好沟海事基地码头；测绘管理科实时了解事故处置动态，全面协调应急组织工作；上海海事测绘中心副主任张祥文带领船舶管理中心负责人到“海巡 166”轮检查防疫保护和应急准备情况……

一场在防疫战争中的海测应急履职战斗正式打响！探海先锋们踏浪逆行，再次与风浪和时间“赛跑”。

党员在前，关键时刻显本色

17 日 14:20，在尖锐的鸣笛声中，海测旗舰“海巡 166”轮载着佩戴口罩的工作人员，解缆离开五好沟码头，如一支利箭刺入汪洋大海，迎接前方的使命。

初春的海水冰凉刺骨，冷风呼啸更助威势，掀起几米的浪涌。这样的情形船长冯玉龙在他几十年的职业生涯中已经见过很多次。作为交通运输系统的优秀党员，每一次在应急扫测任务中遇到巨浪，冯玉龙都会主动站上指挥台，带领船员调速、转向，让船舶在巨浪中安全前行。在测量船上，船长就像个大家长，在保证任务完成的同时，也关心着每个人的身体健康。这一次应急扫测，冯玉龙又有新的顾虑：船员测量员都必须戴口罩，非常时期，万一引起呕吐不适，将给疫情防控工作再添压力。

傍晚时分，航行至长江口九段沙附近时，由于海面风力太大，“海巡 166”轮只能无奈抛锚避风。

夜深了，其他人已经睡去，冯玉龙还在密切关注着风力情况，寻找可以开船的时机。次日 05:00，虽然海面风力依旧较大，但冯玉龙感到对“海巡 166”轮顶风航行已有把握，为了尽快赶到事发水域，给应急扫测工作争取时间，冯玉龙顾不上疲惫，再次起锚航行。

高效扫测，技术精湛担重任

18 日 09:15，“海巡 166”轮到达事发水域，随即投入应急扫测工作中。年轻的测量员张凯乐、顾佳杰在应急扫测方面技艺娴熟，他们按照预定的工作方案，根据预判的沉船位置，结合对风浪流的评估分析，有条不紊地划定测线、施放旁侧声呐、读取扫描数据，一点点搜寻着沉船的位置。

与此同时，在上海海事测绘中心的指挥中心内，业务骨干们正通过 VSAT 系统等实时关注“海巡 166”轮现场扫测情况，全程指挥应急扫测工作，为一线提供技术支撑。

在前后方的合力“作战”之下，12:52，张凯乐向指挥中心报告：发现一艘疑似沉船！中心应急指挥领导小组要求现场扫测人员从多个方向对疑似沉船进行再确认。

13:59，经全面分析比对，“神洲 19”轮沉船位置被最终锁定，坐标为 30° 26.3888′ N，121° 58.8212′ E（CGCS2000 大地坐标系），这一成果为后续开展搜救打捞清障和保障该水域通航安全提供了关键的数据支撑。此时，经与舟山海事局指挥中心协调，“海巡 166”轮完成应急扫测任务后可以返航，至此，“神洲 19”轮应急扫测任务高效完成。

“这次非常时期的应急扫测任务，我们已经完成，后面就交给宁波航标处的兄弟们啦！”返航途中，张凯乐终于松了一口气。

迎疫而上，踏浪逆行的探海先锋们，又一次在这条逆向之路上冲破障碍，扫出了一条海上绿色通道，再一次以实际行动践行保障水上交通安全的神圣使命！

27 人的 72 小时

编　写：彭舒婷　钱锦超

2019 年 3 月 6 日，晨曦徐徐拉开了帷幕，又是一个绚丽多彩的早晨。“海巡 166”轮正在前往连云港实施 30 万吨级航道二期工程通航尺度核定测量的路途中，此时她已经连续行驶 24 小时了。突然间，急促的电话铃声打破了清晨的宁静，船长冯玉龙拿起话筒，传来的是一个紧急的命令：长江口灯船东北约 25 海里处发生了事故，“崇和”轮与“浙普渔 23911”轮碰撞，渔船“浙普渔 23911”轮沉没，船上 7 人下落不明。请“海巡 166”轮立即调转航向，火速前往长江口实施应急扫测！

突发应急，船舶掉头

险情就是命令。接到应急扫测任务后，上海海事测绘中心史晓平主任立即召集应急指挥领导小组召开会议，启动应急扫测预案。

讨论的焦点放在了测量船的选择上。事发水域远在长江口灯船东北约 25 海里处，当地海图水深约 50 米，又正值冬春季节，涌浪会对小型测量船的扫测作业产生较大影响。因此，出于对作业的安全性及应急扫测的质量和效率等方面的考虑，80 米级测量船——“海巡 166”轮成为了唯一选择。然而“海巡 166”轮实施的连云港 30 万吨级航道通航尺度核定测量任务也十分艰巨、时间也非常紧迫，上海海事测绘中心迅速与航道建设指挥部取得联系，做好沟通、请求理解。

船上的苏鑫、胡涛、洪磊同志都是连云港人，许久没回家的他们本来是可以待轮船靠港后抽空回家看看的，然而险情当前，他们谁都没有提出异议，毅然跟随“海巡 166”轮朝着与家相反的方向越驶越远。

日以继夜，赶赴现场

为确保海上应急扫测的需要，应急指挥领导小组决定再增配一套声呐设备和几名扫测人员。11:15，“海巡 166”轮与“苏如渔 08526”轮完成设备和人员的交接，立即奔赴长江口外海域展开应急扫测。

时钟又拨转了 24 小时。在这一天一夜里，“海巡 166”轮全员轮班接替，昼夜不休，终于在第二天 11:10 抵达现场。船员们通过

海测旗舰服务连云港 30 万吨级航道工程

轮班还能抽空休息一下，而船长冯玉龙则始终坚持指挥。从航海日志上看，冯玉龙船长从 11:14 就开始指挥船舶应急扫测，没有给自己预留吃午饭的时间。

马不停蹄，完成任务

汽笛声中，“海巡 166”轮在海面上来回扫测。到 3 月 7 日 12:50，经过一个多小时的扫测作业，现场应急人员向应急指挥领导小组报告：“海巡 166”轮发现沉船位置！应急指挥领导小组做出指示：“尽快对沉船进行多方向确认，并完成扫测数据的处理工作。”最终，经现场精准确认，“浙普渔 23911”轮沉船的中心位

置为 31°19′43.9909″N，122°58′26.8746″E（CGCS2000 大地坐标系）。经上海海事测绘中心“长江口精细化潮汐预报模型”对实测水深进行潮汐改正后，确定沉船周围水深 53 米，沉船上方最浅水深为 45.4 米。随后“海巡 166”轮将应急扫测信息快报第一时间报送至东海航海保障中心。

自 3 月 5 日从五好沟海事基地码头出发至完成此次扫测任务，“海巡 166”轮上的 24 名船员、3 名测量员已日夜兼程超过 54 小时，但他们的工作还在继续。3 月 7 日 15:18，“海巡 166”轮从扫测现场撤离，直奔连云港继续实施通航尺度核定测量任务。

海风习习，天光海色浑然相融，熠熠生辉。这时冯玉龙船长才抽空吃了几口迟来的午餐，带领船员再一次开启新的海上征途。

披星戴月、攻坚克难，维系这支队伍连续奋战几昼夜的力量是一份沉甸甸的责任担当。

第四章　逐梦深蓝

在这一章中，我们将视线放得更远，远到中国的南海，以及地球最南端冰雪圣地——南极。2013年，上海海事测绘中心加入中国海事南海联合巡航；2014年3月，接到扫测失联飞机马航370黑匣子的紧急任务；2014年7月，圆满完成外高桥船厂钻井平台高精度站桩定位；2014年10月，执行南极航海保障任务。此章还回顾了改革开放40年中，上海海事测绘中心的发展历程。

首次南海远征　彰显海测精神

编　写：季凯敏

南海，这一我国拥有无可争辩主权的南中国海，在2013年2月28日至3月13日迎来了一支特别的队伍——中国海事南海联合巡航编队。与以往不同的是，其中有一支怀有神圣使命的特殊队伍，那就是肩负着了解南海水域岛礁水下地形、勘察相关航路、检验海图资料等重任的东海航保中心的“海巡166”轮测绘旗舰。

时光荏苒　任务骤至

让我们把时间回溯到接到这一命令的2月18日，这是一个值得永远记住的日子，也是一个既紧张又喜悦的日子。农历春节后的这天，“海巡166”轮正在长江口执行“曙星1号”的看护值守任务。09:30，现场接到紧急通知：“立即返航至闵行船厂做航前准备，参与执行南海联合巡航任务！”

任务骤至，“海巡166”轮全体将士欣然受命，迅即行动，不动摇，不退缩。根据交通运输部海事局指令，船舶必须于27日赶到三亚集合，除去航行时间，留给我们的只有短短4天的准备时间。在这压缩的一百多个小时里，到处都是忙碌的身影：设备保障组在码头前“一字长龙”搬运物资；测绘工作组在设备仓库里聚精会神，调试各类测量设备；素有“拼命三郎”之称的船长严明挑灯伏案，制订着计划航线；轮机组在发动机舱里满脸油污，进行最后的维护保养……

在开航的前一天，我们再次制定了详尽的计划，规定好了每一种设备、每一根电缆，甚至每一个螺栓安装固定的时间，并立下了军令状，只准提前，不准延后。所有员工都围绕着这个时间表全速运转，通过不懈努力，终于在 22 日 22:45 完成了所有设备最后的安装调试工作，保证其能稳定可靠地运行。一百多个小时里，紧张而有序，有的同志仅仅回家一次，拿了些替换的衣服，向家人作短暂的告别，便踏上了巡航的征程。

千里驰骋　勇于担当

2 月 23 日 15:00，载有 37 名人员的“海巡 166”轮徐徐离开五好沟码头，开始了南海联合巡航的征程。上海至三亚航行里程约 1 190 海里，以我船平均 12 节的速度需要整整 4 个日夜的连续航行。起程没多久，行至浦东机场附近时，海面飘起大雾，能见度快速下降至不足 200 米。这样的海况对航行安全是个严重的威胁，船长为了安全考虑不得已下令缓速航行，并且安排人员至船头协助瞭望。驶至大戢山东海域时，视线开始转好，船舶按计划航线正常南

南海巡航成立“海豹青年突击队”

下行驶。好景不长，半夜驶过虾峙门口外海时船开始摇晃起来，驾驶台的椅子、海图桌的抽屉都跟着移动起来。虽然船长调整航线尽量靠岸边行驶，但由于风向涌浪的关系船舶的摇晃并无多大改善。至24日约19:00，船舶摇晃加剧，驾驶台大型绘图仪的固定螺丝受力弯曲松动，随时有可能造成绘图仪翻倒，导致仪器损坏，大家齐心协力重新予以绑扎固定。一直到24:00，过了牛山岛船舶可以转向调整航向了，船舶摇晃才渐渐缓和起来。此时船舶的摇晃已经超过了24个小时，许多同志刚出发时的兴奋劲蔫了——一出航就来了个下马威。

经过连续96小时的航行，2月27日15:00，“海巡166”轮顺利靠泊在三亚南海救助局码头，与“海巡31”轮、“海巡21”轮顺利会师。

早春三月、春回大地，乘风破浪、驰骋千里。2月28日13:30，中国海事局2013年第2次南海巡航启动仪式在三亚南海救助局基地码头举行。3月2日，列编巡航的第三天，从三沙市永兴岛驶往东岛期间，“海巡166”轮35名全体将士，怀揣着赤子之心，在主甲板举行了庄严的出航签名活动，宣誓明志——“海巡166”轮“海豹青年突击队”旋即成立。“南海，我们来了！”

不辱使命　彰显精神

假如你跨过一米的距离，或许轻松自然；假如你飞跃式地跨栏，或许激动兴奋；假如你直线行走，或许轻而易举；假如你躲开飘荡的落叶，或许若无其事；但是……，如果一米的距离中间是数千米深的大海，而你两脚踩上的是摇晃小艇；如果跨越的栏杆变成海面上拱起的海浪，而你正坐在冲锋舟上飞跃；如果那直线是在悬崖般壁立的礁石旁，而你操纵着1 700吨的船舶在行进；如果落叶变成了头顶上方3吨的小艇在晃动，而你必须用力拉住小艇……你是否依然能够保持从容淡定？

为了更好地了解南海部分水域的水深情况，在扫测组组长张良的带领下，组员多次乘坐工作艇进入岛礁、浅滩及未知的危险水域，在测量的最前线指挥工作。在东门礁西南口口门水深测量中，工程组为了“海巡 166”轮的安全考虑，决定施放工作艇前往该处测量。作为经验丰富的测量员，张良站在船头，边观察着水体颜色变化，边听取测深仪器读数，熟练地指挥着船舶航行。就听他说“多少米？”“31 米！”“往左一点，好的！”就这样，我们沿着珊瑚礁，将口门这一块的水深变化情况准确地记录了下来。

“海巡 166”轮全体将士面对未知海域、新型装备，直面挑战，敢于创新，科学实践，以钢铁般的意志、坚忍不拔的毅力，综合了无人测控、卫星遥感、条带测深、声呐瞬时成像以及厘米级全球广域卫星差分定位等多项世界领先的测绘新技术，创造了海测史上一个又一个新的纪录：首次连续安全航行达 96 小时、连续航行达 1 190 海里（总航行里程达 4 100 海里）、首次测量水深突破 1 000 米、首次运用无人艇测量、首次在没有大比例尺海图参考的情况下测量、首次实施潟湖口测量——这些纪录为海测事业画上了浓墨重彩的一笔。

没有耕耘，何来收获；没有付出，何来成功；没有历练，何来辉煌；艰难困苦，玉汝于成。当听到驻军首长的一句“中国海事，给我们中国长志气了！”，我们感受到的是无上的荣耀！

历时 14 天，跨越 22 个纬度，辗转永兴岛、南薰礁、东门礁、美济礁、仙娥礁、赤瓜礁、永暑礁、琛航岛等岛礁，战胜了大雾、大风等恶劣海况和晕船呕吐等身体反应的种种艰难险阻，完成总测线里程达 221 千米，测量面积约 53.9 平方千米，总航行里程达 4 100 海里，成为海事测绘史上的惊鸿一瞥。

回首 2 月 28 日的那次启航仪式，海测将士面对国旗紧握双拳的郑重誓言，至今仍回绕在我们耳边。铮铮誓言，展现了海测人的壮志情怀，表达了航保人维护国家海洋权益的坚强决心；首次南海远征，彰显的是海事测绘“尺幅千里、追求卓越”的精神力量。

“海巡 166”轮代表张良南海巡航宣誓

聆听大海心跳的人

编　写：张　良

有这样一个团队，他们是未知海域的开拓者，是海难事故后的清道夫，也是寻找奇迹的探索者，他们被称为“探海先锋”。有这样一个团队，在马航 MH370 客机失联后，他们随“海巡 01”轮出西沙、穿南海、扬帆马六甲，渡巽他、越赤道、搏浪印度洋，先后两次侦听到疑似黑匣子的音频信号，为国际联合搜寻提供了重要线索，为国家搜寻决策提供了重要依据。他们被称之为“聆听大海心跳的人”。

马航搜救月黑风高放小艇

这是一趟说走就走、刻骨铭心的征程！2014年3月10日14:20接到出征指令，要求16:00人员和设备就要全部到位，留给我们的准备时间仅仅只剩下1小时40分钟——我们做到了！总计达8吨重的各类扫测设备在全船人员的齐心协力下，在动用了集卡及40吨级车吊后，顺利装船。

从踏上征程的那天起：泰国湾、马六甲、巽他海峡、印尼南部海域直至南印度洋，我们搜寻马航的脚步一刻都不曾停留；空中搜寻、海面瞭望、小艇侦听，搜寻方式不断地变换，我们搜寻马航的时间分秒必争！

这是一场与时间赛跑的战斗！失联客机黑匣子信标的电池失效期日益临近，而黑匣子信号则是搜寻客机最为重要的线索！恨不能，向天再借30天；恨不能，时间就在那一刻停滞不前。但只要有一丝希望，我们也决不放弃！这是大国的强音，也是我们的心声。

南印度洋中心海域海况复杂，水深范围从1 900米至5 600米，风高浪急，水下遍布海岭、海沟和海底盆地。要在这样的海况下从杂乱的海底噪声中分辨出微弱的黑匣子信号是极其困难的。

4月3—7日，我们不分昼夜地乘坐工作小艇进行高强度的侦听搜寻。在探测时，为了尽可能地排除干扰源，必须将小艇的主机关闭。就这样，一艘6米多的小艇，远离着母船，在浩瀚的大洋上，如同一片树叶般随波逐流，而涌浪时常以排山倒海之势震慑着我们这些不速之客，仿佛要一口将我们吞没。

“海巡01”轮的船员们就是在这样的恶劣海况下艰难地驾驶着小艇，劈风斩浪，一往无前。我们的扫测团队就是在这样的艰苦环境中搜寻定位，侦听信号。

一次又一次的空手而归，并没有使我们懈怠、迷茫，反而更为激发了我们昂扬的斗志和永不言败的信念。

4月4日16:08，我的耳机中突然传来“嘭、嘭、嘭”约每秒1次的音频脉冲声，我屏住气息仔细再听，没错，音频信号清晰、稳定；再次确认频率，也没错，的确是37.5千赫兹！这声音，像是大海的心跳，更像是来自大海深处的召唤！这一刻，我的心中突然间静默了下来，没有丝毫的激动与欣喜，只剩下无尽的思考与感伤。以至于当我平静地将耳机递给同伴，告诉大家我听到信号的时候，大伙儿还以为我在开玩笑呢。第二天下午，扫测队员又在该海域再一次侦听到了水下的疑似音频信号。

在没有经过深海探测前，我们尚无法确定这声音就是来自马航MH370的黑匣子，但它是真实、可靠的，这是一项非常重要的线索！当随船记者顶着各方压力将这个重大发现播报出去后，瞬时引发了全球的关注。但随后，伴随着赞誉、鼓励，质疑甚至是挖苦也纷至沓来，我们瞬间被置于世界舆论的风口浪尖。

各方的质疑是难免的。中国是海洋大国，但还不是海洋强国；"海巡01"轮是海事旗舰，但却不是专业测量船；搜寻设备是专业装备，但却不是最先进的深海探测设备；还有一点更为重要的是：在没有发现飞机残骸、未能确定坠机地点的情况下，就在海上探测黑匣子信号，国际上并没有太多成功的先例。因此，我们在黑匣子信标即将失效前公布侦听到两次脉冲信号的消息，在这个"无图无真相"的年代里——别人凭什么相信你？

"为什么没有录下来？"这是我们团队被问到最频繁的一个问题。其实答案很简单：设备加装录音功能虽是轻而易举的事情，然而目前最新的黑匣子侦听设备之所以没有配备录音功能，是因为人耳是对声音辨析最敏感的器官，用耳朵听到的声音是最直接最真实的，而普通的录音难免会造成信号失真，产生误判。

面对各方的质疑，我们很淡定，这是一份从容的自信。

这份自信来自我们强大的内心！

这份自信在扫测队员强忍亲人离世的巨大悲痛继续忘我工作时，它体现了出来；在扫测队员面临险境，奋勇争先，轻伤不下火线时，它体现了出来；在扫测队员挑灯夜战，处理数据、研判信号时，它体现了出来。因为我们是久经沙场、百炼成钢的探海先锋；因为我们每一个人身上都承载着"严谨、坚韧、务实、奉献"的海测之魂，它是海测人六十年文化的传承，它是海测的传家宝，它只可意会——你要用心才能去感受！

这份自信源自我们全面的技术素养！

我们有专业的测绘人才队伍：4名组员中，有2名国际A级海道测量师，1名国家注册测绘师，这些都是业界最高等级的认证。我们有丰富的海上作业经验，特别是具有使用黑匣子定位仪搜寻海上失事飞机的成功经历：团队成员曾成功完成过“2·11”落江直升机扫测、“雪龙”号落江直升机扫测、中国海事南海巡航等多项国家重大任务，累计扫获沉船、沉物达400余艘（件），这也是目前中国海洋测绘史上的最高纪录。

如果把国外测量船上先进的深海探测设备比作冲锋枪，那么我们使用的被戏称为“二胡”的黑匣子搜寻仪就如同“小米加步枪”。Benthos 275系列水下信标定位仪只能利用小艇作业，单点测量，如同用一根针在大海里寻找另一根针。我们扫测队员凭借着科学的分析判断以及丰富的扫测经验，硬是在南印度洋上打响了震惊全球的第一枪！这份自信源自我们严谨的工作态度！

严谨，是我们的职业本能。茫茫印度洋，一望无际，为什么会选择在这片海域重点侦听？如何布设侦听点位？如何实施侦听？——这需要专业的判断、分析和执行能力。不为外界所知的是，早在4月4日第一次侦听到脉冲信号前，我们就把这片水域作为重点侦听目标。4月2日，现场指挥部根据Inmarsat卫星所提供的马航MH370最后两次握手信息，分析判断出它最可能坠海的区域，制定了侦听方案。在第一次侦听到疑似黑匣子信号后，指挥部又根据侦听的时间、地点，以及当天的洋流、潮汐和风向情况，推算了后续侦听的最佳位置，最后侦听的位置坐标与之相距只有200多米。

在侦听到疑似黑匣子信号后，扫测组先后与国家民航局、波音公司、黑匣子信标生产厂商、现场海军舰艇，就相关情况和技术数据逐一进行了核实，进一步确认了信标频率和发射间隔，并排除了同时段有水面或水下舰艇使用主动声呐设备进行声学作业或通信的可能性。同时，由于自然界已知的干扰源如海洋环境噪声、动力噪声、生物噪声，其频率和间隔不同，对黑匣子信号的侦听不会产生任何的影响。

因此，我们敢于说：“请祖国放心，我们对每一片探测过的海域负责！”

在光环和荣誉的背后，深藏着队员们对家庭的深深愧疚，也有着他们自己做出的巨大牺牲。李永奎在出发前正在办理买房手续，由于交易过户必须本人亲自到场，若不能在规定时间按照合同要求办理过户手续，将要赔付巨额违约金，而他却已经全然顾不上了；韩磊在执行小艇侦听任务时被海浪掀翻到了半空中，然后又重重地摔落在地。那几天，看似又高又壮的韩磊都无法正常行走坐立，但

马航 MH370 黑匣子信号侦听

他仍然坚守在搜寻的最前线；罗远已在单位工作了整整十年，虽是劳务派遣身份，但如今已经成长为一名技术专家，他报名参加今年5月的事业单位招录考试并为此做了充分的准备，但开考的那天他却只能在地球的另一端，望洋兴叹。

这就是我们的团队，它是海测的脊梁。我为团队每一位队员的付出而感动，我为成为团队的一员而自豪，我为能率领这样的一支团队而骄傲！

回顾这段漫长而难忘的海上漂流历程，真可谓：半年生死两茫茫，不思量，自难忘。万里烟波，遍处寻马航。雪泥尚且留鸿爪，更何况，一飞机？上穷碧落下黄泉，寻不着，誓不还。探海英雄，奋勇争先锋。胸怀逐梦深蓝志，强海测，扬声威！

南极，我们准备好了！

——上海海事测绘中心执行南极航海保障任务准备工作纪实

编　写：王保军

2014年10月25日，经过精心的准备策划，上海海事测绘中心执行南极航海保障任务的无人智能测量艇、工作小艇以及全部测绘设备吊装至“雪龙”号科考船。10月28日，陈正伟、裴宁两名随“雪龙”号科考船执行南极航海保障任务的技术骨干到极地研究中心报到。

此次任务是中国第31次执行南极科考任务，更是交通运输部第一次派员参与，这对拓展航保公益服务的领域、融入国家海洋发展事业有着重要的意义，任务重大，使命光荣。从接到任务的第一时刻起，上海海事测绘中心高度重视，立即着手，从组织、人员、设备、

第二代无人智能测量艇在南极为“雪龙”号引航

思想教育等方面切实做好各项准备工作。

在装备配备上，联合上海大学、北船重工，第一时间着手有/无人双模测量艇的建造、设备安装等工作，并先后在青岛、浦东五好沟码头附近水域完成了智能测量艇的吊放、回收测试以及驾驶实操、设备调试等准备工作。该有/无人双模测量艇配备了多波束测深系统、单波束测深仪、旁侧声呐、实时动态卫星差分系统（RTK）、声学多普勒流速剖面仪（ADCP）等设备，考虑到南极的复杂海域环境，还专门借用了高速工作艇作为辅助。

在人员选拔上，精心挑选了具有丰富测量经验和理论知识的业务骨干，其中陈正伟是国际A级海道测量师、国家注册测绘师，裴宁具有十多年的一线测量经验。人员选定后，通过多方沟通了解任务要求和南极工作环境，并安排他们赴青岛参加无人测量艇的安装、调试工作和操控培训，参加AIS助导航设备培训，完成了执行任务的技术储备。

从组织形式上，为保证任务的顺利完成，上海海事测绘中心成立了以狄伟主任亲自担任组长的协调组、设备组，盛云东书记负责宣传组，张祥文副主任负责技术组，并充分借助外力，成立了由测绘中心、上海大学、北船重工、仪器设备厂商等专业人员组成的技术支持组，并对随船执行任务的现场工作组中指定了组长和通讯员。下达了《南极第31次科考罗斯海附近水域测量任务书》，编制了《南极科考测量任务宣传工作策划方案》。

在思想动员和工作布置上，2014年10月24日，上海海事测绘中心狄伟主任、盛云东书记、张祥文副主任带领办公室、党群工作部、工会、测量业务科、测量队等部门负责人和相关业务人员，在五好沟海事码头"海巡166"轮上与执行南极测量任务的工作人员进行技术交底并为之壮行。在会上，班子成员关切地了解扫测人员的家庭情况以及存在的困难，落实了责任部门和措施，并分别强调此次南极测量的工作任务要求、安全和环保事项、宣传工作、外事和保密等工作纪律，使两人更加明确了担负的使命和工作要求，做好了出发前的思想准备。

在整个准备工作中，上海海事测绘中心得到了上级领导、东海航海保障中心机关处室、上海海图中心等单位的大力支持。2014年10月25日，上海海事局徐国毅局长，东海航海保障中心王鹤荀主任、办公室徐明强主任到中国极地研究中心码头指导设备装运等工作。之前王鹤荀主任还亲自赴青岛督查无人艇项目的进展情况；刘嘉华副主任多次带队与极地中心沟通协调；徐高法副主任对无人艇项目等给予了大力支持；作为联系点班子成员，王路副书记多次就准备工作进行指导。2014年10月27日下午，东海航海保障中心陈建平书记、刘嘉华副主任带领航保中心机关处室负责人到复兴岛召开专项工作动员会，为参与人员鼓劲壮行。

按照计划，2014年10月30日，陈正伟与裴宁两名技术骨干将随“雪龙”号科考船，正式踏上南极之行。未来的征途上有很多的未知和不确定因素，由东海航海保障中心、上海海事测绘中心及兄弟单位等组成的强大后援团将为任务的顺利完成持续提供强有力的支持。直至这一刻，我们敢说：“南极，我们准备好了！”

后记：关于海测人参与南极航海保障任务的后续内容，请参阅第二篇铸魂引领之《走进大美海测人——陈正伟》。

亲切的慰问　巨大的鼓舞

——习近平主席慰问第31次南极科考人

讲述人：陈正伟
编　写：王保军

当地时间2014年11月18日下午，正在澳大利亚塔斯马尼亚州首府霍巴特访问的中国国家主席习近平在澳大利亚总理阿博特的陪同下，视察了正在当地补给的“雪龙”号科考船，慰问中国南极科学考察队。在与全体队员合影留念后，主席关切地详细询问了大家的工作和生活情况，期望圆满完成任务并祝一切顺利、凯旋而归。上海海事测绘中心的两名科考队员，也与其他科考队员一起接受了主席的亲切慰问，感受到了国家领导人对极地科考和海洋事业的重视与关怀，深受鼓舞，更加坚定了优质高效完成科考任务的信心和立足航保奉献国家海洋事业的决心。

2014年是我国开展极地考察30周年，在中国此次第31次南极科考任务中，东海航海保障中心首次参与极地考察项目，两名海测技术骨干作为科考队员肩负重任实施南极航海保障任务，除负责维多利亚地新站附近海域的测深任务以外，还要为“雪龙”号已配备的北斗AIS船台和移动AIS基站提供技术支持，并收集科考对航海保障的需求。

自10月30日“雪龙”号从上海启航以来，两名海测科考队员严格遵守科考队工作纪律，按预定计划实施专用AIS移动基站、北斗AIS船载终端等技术支持工作，对维多利亚地新站附近海域测深可能遇到的困难及应对措施进行了提前谋划，并定期检查所携设备在船情况。积极参与船上组织的文体活动，主动参与帮厨、卫生清洁等日常工作，与“雪龙”号船员及其他科考人员建立了融洽的关系。在迎接习近平主席夫妇一行和澳大利亚阿博特总理上船视察的准备工作中，服从统一安排，主动承担了相关任务，付出了自己的努力。

海测人的北斗梦

编 写：王 超 黄 杰

“现在我们的位置偏移是多少？”

“16.28，6.73，航向偏差 12.5 度。”

对讲机里不停地传来总指挥、船长等人员的声音，其他工作人员也在不停地来回跑动。显示屏上，平台的模拟图像向预定目标缓缓靠近，桩脚的偏移和方向数据也在不停地变化着，现场气氛异常紧张。桩脚偏移在逐渐减小，方向也在缓缓调整，图形也在慢慢重合，所有人的目光都集中到了显示屏上，屏息凝神。

接到任务整装出发

随着“轰”的一声，钻井平台桩脚稳稳地插到了预定的位置。现场发出一阵欢呼，作为现场负责定位的工程师，王超疲惫的脸上露出了欣慰的笑容，一直放在键盘上因为紧张而有点微微发抖的手也紧紧地握成了拳，嘴里喃喃道：“太好了，海测人的北斗梦实现了！”

2014 年 7 月 4 日，数据信息中心接到任务，要对外高桥船厂钻井平台进行高精度的站桩定位。这平台高达 168 米，宽度有 80 多米，是个不折不扣的庞然大物。要把这么个大家伙拖到指定位置，误差不得超过 5 厘米，作为长江口北斗 CORS 站建设完成后的首次应用，确实是个不小的挑战。

当天下午，由王超和黄杰等同志组成定位技术小组，就前往钻井平台上开展定位设备的安装和调试工作。19:00，出航前的准备工作已经全部完成，接收机的指示灯不停地闪烁着，控制软件显示着平台的实时精确位置。到了 02:00，钻井平台在“东海救 101”轮的牵引下缓缓地离开了外高桥船厂码头。

设施简陋环境艰苦

在拖航的过程中，技术小组运用专业测量软件为用户提供导航服务。在蓝色的海图背景上，钻井平台向目标缓缓移动。天上开始下起了大雨，雾气越来越浓，前方的拖船已无法分辨，只能看到前方漆黑的海面上有两团朦胧的灯光，仿佛两个大灯笼。在昏暗的夜色下，海风裹挟着咸湿的海浪犀利地刮着，用力阻挡着人们的前行，吹在脸上生疼生疼的，虽是七月天，却让人感到几丝寒意。由于风大，技术人员外出检查设备时都被吹得直不起腰来，只能佝着腰像龙虾一样，一步一挪地蹒跚着前进。

由于钻井平台施工尚未完成，部分生活设施不能使用，大家就只能吃方便面、八宝粥、面包等食品。卫生设施也异常简陋，在底层甲板上吊装了一个由集装箱改装的卫生间，在三楼有个水龙头可以供水，但无法洗浴，高温天每个人身上都黏糊糊的，难受得不行。如果遇到内急，更加麻烦，必须上下十几层楼才能解决，但大家还是坚持了下来。

因为工作需要有人一直监视平台位置，大家就轮流值守。到了休息房间，大家发现床板像搓衣板一样凹凸不平，上面有许多凹槽，不是顶住腰，就是撑住背，向左睡不舒服，向右躺也不舒服，有的人睡到了房间的地板上，有的人只好睡到了走道里。每到吃饭时间，大家就犯愁，连续多餐的方便面让大家没有了胃口。“这可是减肥的新方法，广告语是：少吃少睡，站桩定位。”黄杰风趣地说。

站桩定位初露锋芒

夜色褪去，天渐渐破晓，淡青色的天空镶嵌着几颗残星，海平面朦朦胧胧的，如同笼罩着银灰色的轻纱，朝霞羞答答地露出了笑容。

经过一天一夜的航行，7 月 6 日 05:00 到达了外高桥船厂临港码头附近。45 度方向，50 米；80 度方向，15 米、30 厘米、10 厘米……

王超用北斗导航精确指挥着拖轮。经过数小时的紧张工作，终于在13:00将钻井平台桩脚精确地插到了预定的位置，完成了站桩定位工作。

来不及兴奋，来不及庆祝，由于连续多日的通宵作业，王超席地而坐就睡着了。他的思绪穿越了时空，他梦见了从前岛礁前的无奈折返，梦见了从前树林中的艰难穿行，梦见了从前屋顶上的险象环生，梦见了一个个突破，梦见了一次次搏斗，他更梦见了北斗卫星在太空中遨游，梦见了海洋测绘在高精度定位下的蓬勃发展，海上船舶在北斗卫星的指引下安全航行……

破晓的星空

海测四十年

编　写：扶　倩

2019年是中国改革开放四十周年。这四十年中，海测事业也发生巨变，其中有技术的革新，设备的升级，更有海测人兢兢业业、一丝不苟的工匠精神，和尺幅千里、追求卓越的目标与初心。

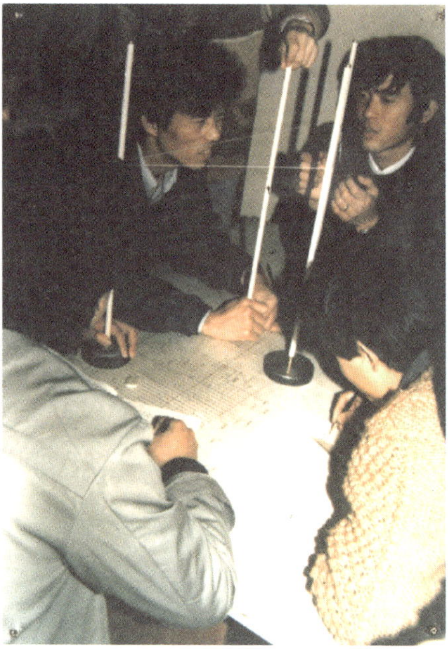

测深数据潮位改正

用四十年的时间，来坚持做一件事，会得到什么样的结果？

有这样一群人，他们四十年如一日，深耕于沿海港口第一线。从手绘目测到仪器探海，从技术引进到自主研发，改革开放四十年来，他们用双手探明未知海域，用双脚丈量祖国江海，最终成长为了海事测绘行业的排头兵。

他们就是上海海测人。

技术四十年——海测能力的“三级跳”

上海海事测绘中心收藏着一组老照片，记录着海测人最初的测量故事。在这组老照片里，可以看到他们双手端着古老的光学仪器

六分仪定位观测

用双眼观测目标；拿着水笔、平行尺、写字仪手工绘制海图……改革开放初期，缺乏先进技术装备的海测人只能依靠着这样“古老方法”来实施海事测绘工作。

难怪老海测人樊荣根每次回忆起从前时，总会由衷发出感慨：“改革开放以来，海测技术和装备的变化真是翻天覆地啊。”

精准定位、精确测深是海事测量工作永恒的主题和追求的目标，而技术和仪器便是精准测量的基础与保障，这是海测人从一开始就明白的道理，也是这四十余年来一直从未停止的追求。20 世纪 80 年代初，当时国际先进的 HI-FIX/6 型无线电定位系统“落户”海测，标志着海测从此迈上了技术革新的探索之路。

微波定位仪、电子管回声测深仪、沿海无线电指向标差分 GPS 系统、GPS 实时差分卫星定位技术、ATLAS FANSWEEP-10 型多波束测深系统……然而，设备引进与技术探索的路并不都一帆风顺。这些设备涉及的技术先进，原理晦涩难懂，操作复杂，很多都没有中文说明书，但海测人靠着一种不服输的“轴”劲，硬生生地啃下了一块又一块的硬骨头，成功地将这些先进的技术装备应用起来，投入了生产。

于是，定位精度从米级提升到了分米级，水深测量由最初的单点测量升级到了现在的宽带面测深模式，并可以实时绘制各种比例尺水深图和三维彩色立体图。

这是海测人技术的第一级跳跃——“拿来主义”。

迈入21世纪以后，海测人不再满足于单纯的“拿来主义”，积累了足够的经验和技术的海测人开始蓄力进行第二级跳跃——自主研发。

2013年，上海海事测绘中心完成了“长江口北斗连续运行参考站系统试验平台”的建设并投入了使用，这是由海测人基于“北斗”卫星系统研发并建造的一套定位增强系统，掀起了水上定位精度发展的新革命，水上测量定位精度跨入到了厘米级时代。

海测人的追求远不止于此。海事水文信息系统、水文数据处理系统、测绘数据处理一体化系统、定位数据批量转换程序也纷纷问世……2018年，上海海事测绘中心成立科技工作组，彰显出了海测人在科技研发道路上的坚定决心与不懈追求。

与此同时，海测人还在不断开发应用摄影测量、卫星遥感技术、GNSS无验潮测量、水下机器人等先进技术和设备。2013年6月，由上海海事测绘中心牵头研制开发的无人测量艇诞生，海测能力与水平再次跃上新台阶。无人测量艇在中国南海初试身手后，又在南极大显身手，在南极罗斯海水域成功发现新锚地。

引领行业，这是海测人追求的目标，也是海测人的第三级跳跃。四十年来，上海海事测绘中心的测绘从沿海港口逐步走向了深远海，迈入了数字化和现代化发展的新阶段。

履职四十年——不忘初心逐梦深蓝

在上海海事测绘中心的“大本营”——复兴岛大院里，矗立着一块石碑，上面写着“尺幅千里、追求卓越”八个大字，这苍劲有力的八个字便是海测人四十余年来始终坚持着的精神与初心。

20世纪90年代，船舶出吴淞口右转航行不久，在外高桥沿岸会遇到一片长 4~5 千米，离岸 1~2 千米的禁止通航水域，海图上的虚线赫然标明：危险区。

这是上海港十分难得的一段“黄金岸线”，但由于被怀疑有战争时期遗留的爆炸物，而被戴上了危险区的“帽子”，海测人便接过了为它“摘帽”这一项重要任务。

“这个工程技术要求高，1∶1 000 的测图比例，当时这个精度之前都没有做过。”回忆起承接该工程的过程，樊荣根说，“很多仪器在精度上达不到要求，副队长李迪宇就用经纬仪来进行测量，经过队员们精湛的测量技术和不懈努力，最终把任务圆满完成了。”

如今的外高桥区吞吐量等各项指标在全国名列前茅，已经完全看不出当年“不毛之地”的影子了。海测人对于“尺幅千里、追求卓越”的阐释从外高桥“摘帽”工程起，至今仍在延续。

克服了重重危险提前 44 天完成的湄洲港工程；通宵达旦、夜以继日，如期交出满意答卷的黄泽山扫测工程；不懈努力下，解决技术难题——定位问题的东海大桥桥墩冲淤状况检测工程；不畏凶险，

尺幅千里、追求卓越

迎“疫”而上积极投身战斗的连云港港30万吨级深水航道工程和长江口12.5米深水航道水深考核测量工程……复兴岛大院里的“尺幅千里、追求卓越”八个大字不仅仅是刻在了石碑上，更是刻进了海测人的血脉里，刻进了海测的四十年风雨进程中。

2013年2月23日，上海海事测绘中心“海巡166”轮第一次作为中国海事南海联合巡航编队中的一员前往南海参加联合巡航任务。

“这是海事测绘走向深蓝的首次远征，测量水深实现了由几十米到3 000米的历史性飞跃。”上海海事测绘中心测量队队长张良如是感慨。

2014年3月10日，马航MH370的信号消失在了南太平洋上，海测人毅然踏上测量船，横跨南北半球，穿越了“66个纬度”前往南太平洋，花费了157个日夜去寻找马航MH370的踪影。这是我国海事测绘部门首次走出国门，执行跨洋搜寻扫测任务，为国际联合搜寻提供了重要线索。

2015年10月，两名海测队员踏上“雪龙”号科考船，利用第二代无人智能测量艇“海巡166-01”艇，成功为“雪龙”号寻找到了一处适合抛锚的新锚地，完成第31次南极科考“雪龙”号极地考察船航海保障任务。

海测人的目标从来不仅仅是港口航道，那一片深蓝远海，也是海测人的雄心所在。7 500吨级排水量的大型综合测量船、7 000米水深扫测的深水多波束系统、可满足6 000米水深的水下机器人等深水利器的“列编”预示着逐梦深蓝的海测人未来依然可期。

应急四十年——危机时刻方见英雄

在上海海事测绘中心有一条不成文的规矩——所有人员的手机必须保持24小时开机状态。

没有人去质疑这样一条规矩的合理性，因为所有人都知道，四十年来，这一条规矩不知抢救了多少国家财产和人民的生命安全。

2005 年 2 月 10 日，长江口深水航道发生直升机落江沉没事件。正值春节休假的海测人一个小时内集合完毕，在事故现场 8 级大风和 1 米多高的海浪影响下，经过 30 多个小时的努力，最终精确锁定失事飞机沉没的位置。

2006 年 8 月 10 日，50 年一遇的超强台风“桑美”正面袭击福建省福鼎市，造成沙埕港内数百艘渔船沉没，给当地人民生命财产造成了巨大损失。海测人迅速赶往受灾区，3 天时间完成了 28 平方千米的实测扫测面积，发现沉船疑点 150 多处。

2017 年 5 月 10 日，“顺港 19”轮 37 个集装箱于上海吴淞口水域落江。在历时 11 天的连续应急扫测中，4 艘扫测船艇、70 余名一线扫测人员累计完成旁侧声呐测线 1 978 千米，扫测面积达 143.7 平方千米，先后精确定位集装箱疑点 34 处（其余漂浮在水面）。

2018 年 1 月 17 日，海测人穿戴着防毒面具、防护服，毅然前往高危失事水域，精确定位“桑吉”轮沉船的水下位置。

2019 年 9 月 23 日，完成舟山水域“KUMHAE”轮和“VANWAH”轮沉船的应急扫测。

……

上海海事测绘中心平均每年实施应急测绘 15 项左右，在多次重大自然灾害和海、空难事故抢险中，海测人一次又一次地紧急集合，扛起了一件又一件“急、难、险、重”的扫测任务。惊险的风浪、水下的威胁、弥漫的毒气都阻挡不了他们前行的脚步，他们深知自己双肩担着的责任和义务，因而他们无惧无畏无所求，只身赴险来为航海者开辟安全道路。

用四十年的时间，来坚持做一件事，会得到什么样的结果？

我想，如今的海测人已经给出了答案，那就是：会做到极致。

四十年的风云变幻，四十年的沧海桑田，如今的上海海测正在向“成为海洋测绘行业引领者、海洋测绘排头兵”的发展目标阔步前进，然而海测人前行的脚步却从未放缓，将继续谱写下一个四十年的光辉传奇。

第二篇 铸魂引领

有这样一群人，他们用汗水和智慧在祖国的三江四海间书写了精彩的奋斗之歌，在平凡的岗位上坚守初心、用心钻研、勇于创新、追求卓越。他们是勤勉务实的劳动者，脚踏实地的奋斗者，也是朴实无华的追梦人。品读海测优秀工作者的事迹，海测人“严谨、坚韧、务实、奉献”的价值观将得到最完满的诠释。

在平凡的岗位上坚守初心、用心钻研、勇于创新、追求卓越

我的三十年海测生涯

讲述人：李阿兔
编　写：季凯敏

三十年的酸甜苦辣

时光荏苒，岁月匆匆。一晃三十载过去了。

我出生在上海郊区一个小县城里，1972 年到南京航务工程学校读书，学习测量专业，1974 年被分配到海测大队工作，在测量岗位上工作了 30 多年。

测量工作是一项很艰苦的工作，在野外不管冬天多么寒冷，不管夏天多么酷热，没有人走过的路我们先走，没有人爬过的山我们先爬。

有时候吃了早饭出门，也不知道什么时候才能吃中饭；有时候在荒山野外雷阵雨把人从上到下浇个湿透，可雨后火辣辣的太阳却能把你晒得连汗都蒸发了。

在测量船上，晕船是最难受的。大多数人从陆地走上船舶都会经历晕船的过程。我初次登船出航时，难受得胃里东西都翻涌出来，直到吐黄水，那是我对海测最初的印象。

这三十年里，老前辈们的敬业奉献精神始终留在我的记忆深处，也不断让我克服困难，适应了这份工作。记得有一次，我们组接到杭州湾水域测量的任务，在测区内要设立一个验潮站，组长就安排我和师傅到一个海岛上验潮。当时正值隆冬时节，我们设立在海水中的水尺给海浪冲倒了，我师傅二话不说，跳到冰冷刺骨的海水里把水尺重新设好，当他重新回到岸上时几乎连路都走不动了。师傅这一举动深深感动了我，使我每时每刻都不忘记以最认真的态度做好自己的本职工作，也给了我前进的动力。

三十年的日新月异

李阿兔工作照

在这三十多年中，测量工具从最原始的六分仪、三杆分度仪，到现在的微波定位、卫星定位、条带测深等，海测技术的革新发展日新月异、突飞猛进。

从1995年开始，海测大队陆续从国外引进一系列高尖端测绘设备，包括全球卫星定位系统（GPS）、多波束测深系统、旁侧声呐等。为了使这些高新设备能尽早地投入使用，大队成立电测组，我被任命为组长。

当了组长后，我深知若要使这些设备仪器能够早日投入到工作中去，我就必须走在前面，学习新设备新技术，别人用一个星期的时间，我就要用多于他们十倍、二十倍甚至更多的时间。

进口仪器设备的说明书全部是原版英文，我英文基础薄弱，就把仪器上所有菜单的英语单词抄在本子上，再用字典一个一个地翻译成中文，直到把操作说明书上的内容全部搞懂为止。

一台仪器的操作说明，我往往要记满整整一本笔记本。而后，大队引进多少仪器，我就记多少笔记。虽然很辛苦，但是当一台新的仪器能够很顺利地投入生产，发挥其作用，同时也减轻了其他同志的劳动强度时，我的高兴是无法用语言来表达的。

我像对待宝贝似的珍惜这些笔记本。但是，只要身边的同志需要，我都会毫无保留地借给他们抄录或者复印。

三十年的应急出航

电测组除了对新设备进行开发应用、培训和推广外，还有一个职责就是完成应急抢险任务，可以说我们是一支“突击队”。

2003 年的“6·19”重庆涪陵沉船扫测就是原交通部下达的一项应急抢险任务。接到任务那天，我正好在搬家，但二话不说拎上行李就直奔单位，和同事们一起完成准备工作后直接奔赴扫测现场。这次沉船扫测主要是用旁侧声呐，我们必须目不转睛地盯着屏幕，防止漏掉每一个疑点，一天下来非常劳累，眼睛和头颈都疲惫不堪。经过连续几天的拼搏，终于找到并准确测定了沉船的位置，为此大家高兴异常，这份喜悦的心情无法用言语表达，这是多么自豪的一件事啊！

2004 年 10 月 3 日，正在休国庆长假的我奉命紧急出航，在洋山地区担负“滨城 568”沉船扫测任务，在舟山海域的风浪里连续奋战，直至准确定出沉船的相关数据。12 日早晨从舟山返回到单位，中午又接到了立即南下福州参加闽江沉船集装箱探测任务，就与同事们连夜施测，凭着自己的经验，很快找到了沉没的集装箱，为闽江尽早恢复通航提供了决策依据，受到了福建海事局和上海海事局的表彰。

我参加过的类似这样的应急任务还有很多，随时出航，说走就走，对我来说已经习以为常了。在这几十年工作经历中，我始终勤勤恳恳地走好每一步，克服种种困难，每次工作始终走在前面，心中始终有一个信念：既然选择了这个职业，就一定要好好干，一个人的能力有大小，但尽心尽力是每个人都能够做到和做好的。

三十年悠悠岁月，在无声无息中悄悄过去；三十年风霜雨雪，每一天过得轰轰烈烈。我对海测的这份感情就像一首深情的歌，悠远而回味无穷；又像陈年的老酒，愈久愈醇香，愈久愈珍贵，愈久愈甘甜。

不搏不算硬汉子

编　写：周志宏　钱锦超

“不搏不算硬汉子”，这是上海市劳动模范倪国琪一直挂在嘴边的一句话。

出生于上海市郊宝山农村的他，凭着强烈的求知欲，于1979年底带着所学的测绘知识，来到了上海航道局勘测处，成为了一名测绘工作者。

拼搏勇敢粗中有细

人才的成长，靠的是奋进拼搏。他怀着为海测事业奉献一生的决心，以“不搏不算硬汉子”的精神，二十五载寒暑“摸爬滚打”

倪国琪工作照

在测绘工程第一线的风口浪尖上，谱写了拼搏测量工程的光辉历史，秉持执着的信念，为港口建设、为航运事业作出了令人瞩目的成绩。

在测绘实践中，他如饥似渴地潜心学习，钻研测量内、外业技术。工程施工中哪里有困难，哪里有险情，哪里就有他的身影。

在他担任测量组长独立负责的工程项目中，他身先士卒：打电瓶、背仪器，走在前面的是他；登高山架台站冲在前面的是他；冒风浪排险情屹立在船头的也是他。

不仅工作上冲锋在前，生活上他也是对人无微不至。外出施工同志吃住冷暖他无不细心安排，组员有病他悉心照料，组员家境困难，他悄悄寄去钱物，而自己经常带病苦干……

正是这样一位一线工程指挥员，赢得群众的信任，组员都说："跟着阿倪干，再苦再累也心甘。"多年来他们组在倪国琪的带领下完成了一项项艰苦的测量任务。

勇挑重担屡克难关

1990年5月，他接受了海坛海峡测量任务。这是一个艰巨的工程，在测区范围内暗礁多、险滩广、渔网密，且水下地形复杂、水深悬殊、海流紊乱，可以说是处处有困难，时时有危险。

他带领着组员冒着37 ℃的高温，翻山越岭架设微波定位仪岸台，忍着饥渴在荒无人烟的孤岛上设站观察。人人腰围缩小了一圈，个个皮肤晒脱了一层，经过两个多月苦战，终于高质量地完成了任务。

1993年3月，他又承担了外高桥内航道测量工程的重担，这项工程直接影响外高桥新港区的交付使用，牵动着开发浦东的全局。工程面临测量比例尺大、测区地形复杂、水下暗障多、渔网密布、滩边芦苇长、乱石成堆等问题。测船就像一把龙飞凤舞的剪刀，在渔网、暗桩之间来回穿行，在水面上留下道道波纹，为外高桥新港区的建设拉开帷幕。

当要测滩涂地形的时候，倪国琪又带领大家光脚踩在冰凉的海水里，顶着芦苇尖刺脚的疼痛，一点一点地进行滩边地形测量；冒着寒风指挥船舶，迂回探测，克服了一个又一个艰难险阻。

“险级”工程迎难而上

之后，倪国琪接到了福建闽江口测绘工程。这是一个新的挑战，谁都没来过这块测区，没有资料、没有经验。测区内，岛屿众多，暗礁林立，属“险级”工程。

倪国琪看到这种情况，也紧紧地皱起了眉头，但他没有后退，而是决定迎难而上。他深知外业成果是整个航测工程的基础资料，外业成果的可靠与否直接影响工程的质量。他以严谨的科学态度，多次走访当地渔民及有关部门，准确掌握测区水文、地形等第一手资料，然后开始定水准、跑尺、测量，合理组织施工，跋山涉水、日晒雨淋、风餐露宿，只是为了更精确的定位和数据。功夫不负有心人，终于圆满完成了这项“险级”工程。

汗水洒测绘，奉献写青春。他用个人的榜样、集体的智慧、刻苦的精神、精湛的技术圆满完成了各项测量任务，为海测事业的发展作出极大的贡献。正是这种严谨、坚韧、务实、奉献的海测精神不断感染和激励着一代又一代海测人，激励他们充分发扬海测精神，为测绘事业贡献力量！

爱上一个不回家的人

编　写：俞　华　钱锦超

他是一位中共党员，是测量分队的分队长，长相很普通，也不善于言谈，黝黑的脸上一直挂着憨厚的微笑。他就是测量员柯国雄，常年奔波在江苏、浙江、福建等地的沿海区域。

艰苦危险常年在外

柯国雄所从事的海道测量工作既艰苦又危险。为了将每一处的水深真实地反映在海图上，他和他的同事往往要涉足一般船舶正常情况下不可能行驶到的浅滩，"亲密接触"一般船舶避之不及的暗礁、沉船。有时更是需要横穿航道，来回穿梭，避开来往船只，就跟横

柯国雄工作照

穿车来车往的马路一般，危险性不言而喻。

由于工作性质的原因，测量工作只能根据潮时早出晚归，可以说是“扫测披星去，驾船戴月归”。更不要说常年在海上经受风吹雨打、日晒雨淋，皮肤被晒伤那是经常的事。还要时刻看老天爷和海龙王的脸色，大风大浪无疑给测量工作带来很大的难度和危险。当然能正常工作的前提还必须克服晕船，否则就得端着脸盆上“战场”了。

他们面临的问题，不仅是工作环境相对恶劣，还有一点是经常要远离上海。他们一出去就是几周甚至几个月，一年中可能有大半年看不到家人的身影。感觉就像浮萍，一直在漂泊，夜深人静，更是感到孤独无助；也享受不到天伦之乐，尽不了身为人子、人夫、人父的责任。

邻居当成单亲家庭

其实海上的困难对于他们来说都算不上什么，真正使他们放不下的，是对父母、妻儿的歉疚。有一首歌名叫《爱上一个不回家的人》，确实如此，对于测量员的家庭来讲，爱是有距离的。

2009 年一整年，柯国雄仅在外的工作时间就达到 257 天，对于常人来说这是很长的时间了，但他却笑着说：“正常正常，这还算少的。”由于他长期在外工作，家里新搬来了邻居都不知道。时间长了，邻居时不时会过来串门聊天，却一直没有看到过男主人的身影。邻居在很长一段时间内都以为这是一个单亲家庭，认为女主人是一个与女儿相依为命的单身女人，还一直不敢问。直到逢年过节，他回来了，邻居才知道这是个三口之家啊！是啊，好端端的三口之家被人误认为单亲家庭，这样的三口之家和单亲家庭的区别又会有多大呢。

妻子体谅默默付出

男主人为了工作，常年不在家，这个家庭的女主人又承受着多大的压力啊！

她坦言也有过不理解，有过气愤，有过伤心和痛苦，但这是一份爱人深爱着的事业，她爱他，又怎么忍心让他放弃。

尽管从1984年结婚到现在，分离的时间要远远多于相聚的时间，尽管生下孩子没几天他就又远行了，尽管孩子读到大学了他从未去参加过家长会，尽管母亲病逝他连葬礼都没能来得及赶回来参加，她还是默默地承受了下来。

这二十多年，她经历了很多事，遇到了很多困难。柯队长的妻子有肾结石、糖尿病，肾结石发病时人疼得几乎晕过去，但她只能自己吃点止痛药硬撑。柯队长的父亲患胃癌，住院了要开刀，他也不让单位知道，因为那年是测量历史上工作任务最多的一年，怕讲了耽搁工作，还是一直在外面跑。2005年大年初二，好不容易亲戚们来家里聚会，正吃着饭，单位里来电话说长江口沉了一架直升飞机，要紧急测量，他又马上走了。

晚上万籁俱寂的时候，她躺在床上想着想着眼泪就会流下来。但她坚信既然选择了他，就要为他多担待点，消除他的后顾之忧，越是他不在家，就越要把这个家照顾好，尽好孝心，抚养好女儿。这就是一个测量员的妻子诚恳感人的质朴想法。

四海为家奉献一生

水上测量是很辛苦的，而且这种辛苦不是每个人都能够承受得了的。这些测量员们经受住了劈波斩浪、风餐露宿的考验，放弃了无数个双休日、节假日，常年奋战在祖国的江海之上，屡屡最先出现在各类海损事故的现场，为了测绘事业毅然舍弃了小家。一条微信，放下了刚吃了两口的饭碗；一个电话，放弃了刚捂暖的被窝，留下一句“照顾好自己”，头也不回地去工作了。

“父母在，不远游”，“养不教，父之过”，但自古忠孝难两全。当一个人真正成为奉献者的时候，他一定会是一名优秀的职工，也一定很难做到一个称职的儿子、丈夫和父亲；当他交出一份份高质量的测绘成果时，注定要愧对父母和妻儿。

测量员的另一半也是辛苦的，这种辛苦是对爱的极大考验，她们经受住了，她们也奉献了很多，甚至不比在外面工作的爱人少。

海事测绘的发展需要敢于奉献的人，国家的强盛也同样需要许许多多勇于奉献的人。历史将永远记住那些忘我的人，那些卓越的人，他们的精神将永远融入历史的记忆。

奉献在平凡的岗位上

编　写：张满龙　钱锦超

他是在每个测量区域都留有足迹的工程总指挥，他是外埠工程“优秀工程”称号的获得者，他是“直属海事系统技术能手”称号的获得者，他是“全国交通技术能手”称号的获得者，他是“国务院特殊津贴”的享有者……他是谁呢？他就是在平凡岗位上默默奉献的吴长卿。

坦诚相待无微不至

吴长卿自 1972 年进入单位开始从事测量工作以来，一直坚守在自己的岗位上默默地奉献着，为海测的发展、壮大付出了一辈子的

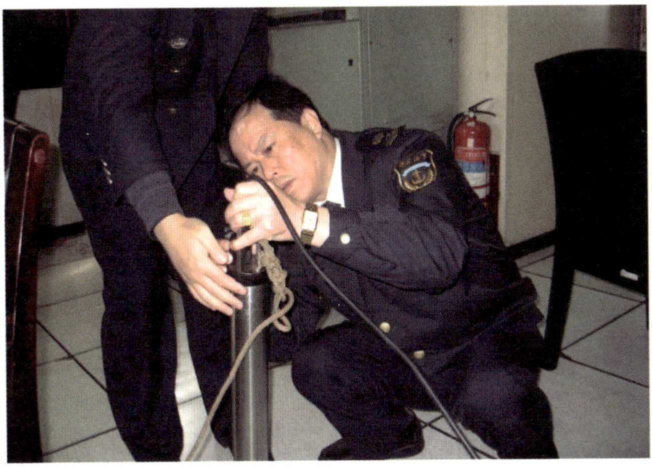

吴长卿工作照

辛勤努力。

2006年初，根据单位以老带新的要求，刚刚毕业的几个年轻人来到单位，分到了他身边。这几个年轻人身处一个陌生的环境，对周围的世界一无所知，对什么都很好奇，吴长卿一有空就给他们讲一些关于上海过去的故事、海测过去的故事，使他们能够快速地融入上海，融入同事们当中。在日常的业务学习中，他也是以身作则，亲自带领学生一个仪器、一个步骤地学习。

刚上船工作，他们多少有些不适应，胃里都像打翻了五味瓶，相当难受。他就安慰道："这是晕船了，不用担心，很正常，在船上工作这一关是必须要经历的，慢慢来，一定可以克服的。"

然后便让晕船的人到船舱的床上休息一下。他自己一个人开始干活。到了饭点，就去船舱轻轻地把人叫醒，关心他们好点没有，到上面吃一点饭，可能会好过一点。这些关心顿时让十七八岁远离家乡的年轻人感受到家的温馨，本来复杂的心情慢慢平静下来。

经过几年的锻炼，他们都已经克服了晕船，渐渐适应了船上的生活，这都离不开吴长卿的宽容以及对徒弟的关心和鼓励。

爱岗敬业尽职尽责

吴长卿在每个工程出航前都会做足准备工作，合理安排人员和时间，并根据自己多年的经验把可能在工作中遇到的问题都提前想到，以便想出更好的应对措施。

比如2007年年初的杭州湾测量工程，仅仅用了40天就顺利完成了《金山嘴附近》《独山港至乍浦港》两幅图的检测任务，不仅让大家赶在春节之前与家人团聚，也为单位创造了最大的经济效益。

他每每在工程结束后同大家一起把所有的测量仪器擦拭干净，归还到仓库，提高仪器的使用率，几十年如此地坚持下来，得到了单位职工的一致好评。

每次上测量船，当工作按照计划顺利实施的时候，他都会利用换班的时间把测量室的每个抽屉和柜子编号整理一番，把里面的废纸、旧报纸等垃圾全部清理干净，给我们创造一个清洁、舒适的工作环境。

不拘小节顾全大局

2009年4月接到福建省湄洲湾30万吨专用航道、港池、掉头区、候潮锚地的扫海工程，吴长卿担任该工程的总指挥。在任命前，由于各种原因，工程一直处于待命状态，这时恰逢一个难得的考取高级技师的机会，吴长卿是符合报考要求的一员。他了解此次扫测工程是我们单位在福建省海域打造海测品牌、树立海测形象的工程，务必要打赢这次“战役”，而且要打得漂亮。可是如果要去考高级技师就可能会在时间上影响这个工程。他知道后毫不犹豫地答应了此次工程的任务，放弃了这次考取高级技师的机会，并时刻准备出师南下。这种不计个人利益、以大局为重的精神值得我们每个人学习。

主动学习解决问题

“活到老、学到老”，这是吴长卿经常挂在嘴边的一句话，也经常拿来提醒身边的人。他还要求大家养成多记笔记的习惯，俗话说“好记性不如烂笔头”，多记笔记在以后的工作当中肯定会有帮助。

2009年“五一”国际劳动节刚过，就接到上海崇明越江通道长江大桥通航孔航道多波束扫测的任务，吴长卿再次任工地总指挥。

此工程时间要求紧，难度系数高，而且众所周知，多波束扫测的内业工作量相当大。班组成员白天采集数据，晚上加班到深夜进行数据处理，只为了能及时发现问题、解决问题。但吴长卿考虑到一直这样下去大家的身体可能吃不消，必然会影响工程的质量，便主动学习新技术，克服英语基础差的困难，靠记笔记、硬背，很快学会了Fansweep 2.0全英文的外业数据采集系统，这样大家便可以一边工作一边处理前一天未处理完的内业了。最后，在吴长卿的合理安排下大家圆满地完成了扫测任务，给客户交上了满意的答卷。

为人师表传道授业

2010 年 6 月中旬，在吴长卿的带领下班组开始执行上海外高桥五好沟新建海事基地码头的水准测量任务。

根据任务书的要求，码头角 17 个点的高程须全部测出，这无疑增加了水准路线的长度和难度。吴长卿并没有借全自动的电子水准仪，而是借了传统光学三丝读数的水准仪，并且让班组成员观测、读数、记录，自己则在旁边给他们撑伞（撑在仪器上面，为了防止太阳照射使仪器产生误差），指导他们，通过实操来锻炼新人。

当天的温度有 32 ℃，码头周围无遮无挡，太阳毫不客气火辣辣地照在他们身上，加上水面的折射，估计当时的最高温度达 40 ℃，吴长卿第一时间站出来鼓励大家要团结一致、齐心协力才能更快、更好地完成任务。在他的带领下，大家一鼓作气历经 4 个多小时的奋战，保质保量地完成了码头上所有点的高程测量。

事后在聊天中得知他是故意不用全自动水准仪的，他是想通过这次机会培养年轻人，同时传授给他们多年接水准积累下来的经验。可见其良苦用心。

吴长卿就是这样一个人，表面上看高大威猛，表情十分严肃，但跟他接触以后发现他是一位平易近人、和蔼可亲的老师傅，对待我们就像是对待自己的亲人一样。正因有他们这样的人不停地为单位添砖加瓦，海测事业才能一直发展，不断前进。

沈大将军

编　写：梁伟佳

他，英俊潇洒，风度翩翩，做事干净利落，事事敢为人先，对工作认真负责，对细节严格要求，追求完美。这就是上海海事测绘中心测量队三分队队长——沈利军。

谈到他，不得不提到他的个人魅力。作为一个工程总指挥、测量分队长，他的奉献精神、善于协作勇于担当的精神、迷人的个性和果断的决策力都令测量队员们深深折服。和他相处久了你会对他产生认同、信服，甚至可以说是崇拜；他所带领的团队时时刻刻充满着凝聚力。也正是因为这些人格魅力，单位同事戏称他为“大将军”。

从 1986 年进入单位至今，“大将军”通过自己的努力从一名对

沈利军工作照

测量一无所知的普通职工逐步成为测量副分队长、分队长、测绘项目工程总指挥，深受职工喜爱、领导信任。他于2003年成为一名光荣的中国共产党党员，并在2017年取得交通运输行业高技能人才最高荣誉——全国交通技术能手。

海上测量是一项对技术要求很高的职业，“大将军”扎实地学习专业理论基础和专业知识，同时也紧跟新理论、新技术等科技的发展。在基础测绘服务和测绘工程质量管理中，他系统地学习质量管理标准体系和测绘专业理论，研究跟踪国内外测绘工程管理发展动态。他熟悉测绘专业和相关专业的技术规范、规程、法规、条例及相关专业的国际标准，专业功底扎实。

1999年，“大将军”参加了福建海坛海峡南部及北部两幅序列图的测绘任务工程，主要负责测量设备的正常运作及内业处理工作。当时外业测量和内业数据处理刚开始实现自动化，外业采用差分GPS定位，内业使用电脑对实时采集的定位数据、水深数据进行自动化处理。由于当时沿海还没有建立GPS差分站，需要自己架设差分台。当时正逢台海局势紧张之时，由于测区离台湾较近，所以电子干扰信号很强，对我们自己架设的台站定位系统的影响很大，出现了GPS差分信号不稳定及跳点的情况。在“大将军”的建议下，通过合理布设差分台来加强差分信号，使定位问题得到了较好的解决，确保了定位精度。最终该工程获得了上海市优质勘测三等奖。

2003—2004年，“大将军”投入到了舟山群岛海域“条帚门附近”“普沈水道至虾峙岛”“桃花岛至大榭岛”以及“大洋山附近”的测绘工程中。作为技术负责人，他在工程中积极配合工程总指挥，克服困难，顺利地完成了任务。其中“大洋山附近”工程被中国测绘学会评为2005年度优秀测绘工程银奖。

2005年，“大将军”在“上海漕泾化工园区海运航道扫测”工程中担任工程总指挥，他针对杭州湾无风三尺浪、渔网多、水下地貌坡度大等实际困难，合理安排作业时间，不断改进扫测方法，在较短时间内就保质保量地完成了103平方千米的扫测任务。该工程项目获得了上海市测绘行业优秀工程一等奖。下半年，他又负责了“牛鼻山水道”“石浦港”等测绘工程，作为工程技术总负责人，他克服了首版图工程量巨大、测区海况恶劣、水道复杂、潮站多、高程控制点较少等困难，合理利用自动水位计，解决了制约工程质量和进度的潮位控制问题，完成工程总测线6 000多千米，为提前2个月完成全部任务奠定了重要基础。同年他被评为上海海测大队先进生产工作者、优秀共产党员。

2014年3月，“大将军”又带领测量工程组再次奔赴福建海坛海峡工地。工作中他总是身先士卒，冲在第一个，让测量队员们深受感动，大家对他也是满满的尊敬。有他作表率，大家更是不敢对工作有丝毫的怠慢。海坛海峡工程是当年上海海事测绘中心最大的测绘工程，测区岛礁林立，海底地貌极其复杂，测区风浪大、渔网养殖区多，测量难度极大。但是虽然有这些困难，整个工程组在“大将军”的带领下安全、优质、顺利、高效地完成了全部测量任务。

“沈大将军”用实际行动诠释了一个富有职业素养、充满工作激情、敢于担当负责的海测人的优秀品质。海测还有许多像“沈大将军”一样的优秀班组长，他们激励和带领着许许多多海测青年们成长、成才，为海测事业贡献着自己的汗水和青春。

海测旗手

编　写：李永奎　钱锦超

在上海海事测绘中心有一张海事护旗手的照片，站在中间的就是我们今天的主人公——韩磊。他高大阳光帅气，聪明机智灵活，勤勉踏实能干，勇敢无畏奉献。

作为一名旗手，他在每一次任务中都奋勇当先，迎难而上，为海事测绘事业谱写了一曲曲绚丽华歌。

仪器使用创新者

毕业于南京农业大学的韩磊在2004年7月进入海测大队，作为非测绘专业科班出身的他，在参加工作之后长期身处测量一线，凭借着谦虚好学的态度、刻苦钻研的精神、踏实肯干的作风，一步一

韩磊工作照

个脚印，由电测员、副组长、电测组组长、技术保障组组长、生产主管，直到现在的浙江测量分队队长。

十年磨一剑。经过岁月的洗礼，曾经那个风华正茂的青年如今已成长为海测中心的测量骨干，成为新进测绘仪器使用的先行者。

“从事测量这些年，我做得最引以为荣的一件事情莫过于开创性地将 CARIS HIPS 软件应用于多波束扫测的内业数据处理，并将这一成果推广使用。”他略带自豪地说。

创新需要勇气和能力。海测中心的多波束内业数据处理原先必须依托工作站，且处理过程烦琐、效率低、人机交互不够直观。针对诸多弊端，韩磊通过仔细研读外文说明书、不断摸索实践，最终在 2006 年成功地将 CARIS HIPS 软件应用于多波束数据的内业处理，并在海测中心测量队推广使用——这很可能开创了国内多波束内业数据处理的先河。

利用 CARIS HIPS 软件取代工作站，不单单意味着用软件取代硬件这么简单，更重要的是它摆脱了外业必须携带的多波束内业数据处理工作站，而且处理效率并不受限于工作站性能。

该技术的创新为海测中心不仅赢得了利益，更赢得了效率和社会声誉。如今，该技术已在全国多波束测量领域全面应用。

传道授业解惑者

“有事请找韩专，他会让你有办法；没事请找韩专，他会让你有想法”——这个“韩专”就是韩磊，他早已经成为了海测中心新设备、新技术的“传道授业解惑者”。

作为一名测绘工程师，一名国际 A 级海道测量师，一名从事专业测绘领域达十年之久的他，“韩专”的称谓的确实至名归：他几乎参加了海测大队所有的大型测绘设备的安装和调试；他曾参加过“洋山深水港开港多波束测量”“渤海超大型航路多波束扫测”“‘雪龙’号落江直升机扫测”“东海大桥水域多波束扫测”等一系列重大工程项目；他撰写了《浅谈渤海超大型航路多波束扫测数据内业处理方法难点及其解决方法》《Fansweep 2.0 多波束测深系统精扫沉船要点简析》等多篇论文。

他组织设备使用学习会，指导一线测量员进行设备操作调试使用，亲手示范，亲自指导，一个个地解释，不会再试，直到教会为止。他编写了多种测绘设备的操作说明书，帮助外业生产班组解决过无数次的技术难题。一旦外业工作中出现了什么问题，他总是第一时间赶赴现场，解决问题，保证工程进度。他用自己的钻研和刻苦，换来了同事的简单和轻松。

急难险重先行者

2014 年 3 月 8 日，马航 MH370 航班失联的消息震惊全球，扫测组韩磊领命随“海巡 01”轮出征。

出西沙、穿南海、扬帆马六甲；渡巽他、越赤道、搏浪印度洋。此次远涉重洋，纵横万里，日夜兼程，韩磊在船上的准备工作也始终没有停歇：他不仅要连接调试各搜寻仪器设备，还要准备向船员、媒体介绍的仪器资料；他不仅要时时关注最新船舶动态，还要根据船舶动向及时准备新的海图资料。

3 月 21 日，“海巡 01”轮到达南印度洋西南走廊方向指定搜寻区域。南印度洋的天气多变，时而蓝天白云，风平浪静，时而乌云密布，风起云涌，时而大雨滂沱，惊涛骇浪，一天之内晴阴雨来回变换，给初来乍到的队员来了个下马威。

瞭望搜寻的工作说起来技术难度不是很高，但是要在剧烈摇晃中保持平衡已属不易，要在该情况下始终拿着望远镜盯着海面而不倒下更是难能可贵，要在拿着望远镜盯着海面的情况下于浪花中发现漂浮物且紧紧锁定漂浮物不脱离视线，更是高难度动作。就是在这困难环境下，韩磊第一个站了出来，向扫测组组长张良请缨，请求值第一班岗。

大多数人都乘坐过飞机，乘过直升机的人就不多了，不少人也许还想体验一下，这是身处陆地上的人很容易产生的想法。但在面对数千米深的大洋、在不到200平方米的飞行甲板上摇晃颠簸着起降——只要想想航母上战斗机起降的难度系数——就让人捏一把冷汗。在“海巡01”轮乘坐直升机进行空中搜寻考验的不仅是飞行员和扫测人员生理素质，还有心理素质。第一个站出来作表率的，还是“旗手”韩磊。

伤病困难无畏者

搜寻的难度等级就如同游戏闯关一般，一关更比一关难：撑住了瞭望，挺过了空寻，小艇登场了。在南印度洋，船员、随船人员即使是在“海巡01”轮这艘5 000多吨的海事旗舰上，也被风、涌、浪肆虐得不轻，更何况是在一艘不足7米的小艇。

在小艇上感受印度洋，只见如城墙般的巨大涌浪一个接着一个，残暴地对待迎接挑战的小艇，大家的双手都得紧紧抓住艇上的扶手，丝毫不敢动弹。“海巡01”轮共有两艘气囊式救生艇，经过多次战斗般的侦听搜寻任务后，一艘小艇气囊破裂，另一艘操控台挡风玻璃碎裂……

在如此险象环生、令人生畏的大洋环境下，韩磊不仅又是第一个站出来的，而且还数他上小艇侦听的次数最多，也伤得最重。紧紧抓住扶手的双手虽然在与巨浪一次次搏击中避免了身体飞出小艇，但控制不了身体一次次在空中的飞舞和砸落。韩磊腰椎、坐骨神经等多处被严重挫伤，以致一段时间无法正常行走坐立，大家甚至都担心他是否骨折或骨裂，但他还是忍着剧痛，第一时间参与了对侦听结果的分析、评估，为各项任务的圆满完成发挥了作用。

他是第一个执行瞭望搜寻任务的人；他是第一个执行空中搜寻任务的人；他是第一个执行小艇侦听任务的人；他是第一个夜间登艇执行任务的人。父亲病情加重，却不能陪伴身边，不满三岁的儿子也是他的牵挂，但他将愧疚和挂念埋在了心底，转化为早日完成任务的动力。

“就算全世界都趴下，我也必须挺住，谁让我是旗手呢！”

什么是“旗手”？旗手就是在战斗的冲锋号吹响那一刹那，第一个冲出战壕，扛着红旗引领大家奋勇前行的勇士。在一次次的任务中，韩磊以他始终如一、敢为人先的表现不断地诠释着一名海测旗手的光辉形象。

九万里风鹏正举

编 写：秦 政

2019 年 3 月的一天凌晨，“浙岱渔 02611”船在返航时跟一艘巴哈马籍货船碰撞，渔船在 31° 39′ N，123° 57′ E 点位沉没，船上 14 人落水。险情急如星火，接到上级指令后，“海巡 166”轮全员立刻在船长冯玉龙的带领下驶入骇浪惊涛。

冯玉龙工作照

狂风顶航

那个夜晚的风急浪险至今还让船员们心有余悸。当天夜里，狂风不停呼啸，大海似发狂一般顶起几米的浪砸向船舶，总重 1 700 多吨的“海巡 166”轮在茫茫大海里像一叶扁舟般左右飘摇。此时总控室里一片漆黑，只有机械设备的微光在闪烁，在一片桌椅摇晃的碰撞声中，一个跌跌撞撞的身影打开驾驶室的房门，走上了指挥台。他的声音平静而清晰：“全体注意，现在开始慢车顶航（放慢航速），船速降到每小时 4 海里！”简短有力的指令，和之前的每一次应急抢险任务一样，抚平了船员们紧张的神经。在船员们的心里，船长冯玉龙的坐镇指挥与“安全”二字是划着等号的。船行一夜，冯玉龙带领全船在几米落差的波峰深谷间跌宕，他熟练地指挥轮机员和水手加速、慢航、前进、迂回……“海巡 166”轮似一只灵巧的海燕，在大海中翩跹前行。经过十多个小时的航程，凌晨时“海巡 166”轮提前赶到事发海域。当船员们还在为惊险的一夜而心怀余悸时，冯玉龙揉揉熬得发红的眼睛，默默走下船舱喝了口浓茶，新的一天，他还要带领船舶开展应急扫测……

船长其人

他中等身量，穿一件整洁的夹克或衬衫，白净的脸上常带着温和的笑意。初见冯玉龙的人可能很难把他跟想象中“霸气”的“船老大”联系到一起。事实上，1995 年参加工作的他早已“身经百战”，在多次重大应急扫测任务和工程中都有他的身影。从早年间的洋山港外超大型船舶碰撞、外高桥及罗泾码头的集装箱沉江扫测、启东港沉船扫测、吕泗沉船扫测，到近年的“桑吉”轮沉没应急定位扫测、象山外海“浙象渔 41020 轮”沉船扫测，以及“浙岱渔 02611 轮”沉船扫测，冯玉龙带领的船舶实现了在应急扫测中保质保量完成任务、重大安全事故为零的纪录。

他常跟同事们说：“每次重大任务都是对自己的一次考验，我们要以‘十二分’的热情认真对待。”而他敢担当、善担当的底气来源于攻坚克难、锐意进取的精神。每次遇到难题，他都会“庖丁解牛”般地进行任务拆解，分析、对比、实施、总结，周而复始、不断提炼，形成了一套独到的工作方法。

寻找“桑吉”

2018年1月6日，载有11.13万吨凝析油的巴拿马籍油船“桑吉”轮与香港籍散货船“长峰水晶”轮在长江口以东约160海里处发生碰撞，导致“桑吉”轮货舱起火。当时现场情况不明，空气中弥漫着浓烟和有毒气体，还有不断的燃爆，此时参与应急抢险随时可能威胁船员的生命安全。面对未知的危险，船长肩上的责任弥重。出发前，冯玉龙根据沉船海域的地理位置、海况以及测线的布置，规划了多版应急方案。为准确预测长江口的天气状况，他一方面比对当地历年天气、海况，另一方面沿途接收气象传真图、NAVTEX气象仪、中央气象台、上海气象台等多平台发布的信息。航行途中，“海巡166”轮还见缝插针地开展了应急逃生演习及穿戴防护装备演练。最终，冯玉龙带领全船人员在事故核心区的刺鼻气体中连续工作80分钟，扫获沉船立体图像，以精准及时的扫测成果为国家高效处置“桑吉”轮事故提供了数据支撑，也为今后东海航海保障中心处理重大应急扫测任务积累了宝贵经验。

同舟驿家

如今，在冯玉龙的带领下，“海巡166”轮在磨合中探索，在探索中创新，创造了海事测绘史上一个又一个新纪录：首次测量海域水深超过1 000米；首次将深水多波速声速仪释放至南海3 200米以下的海底；首次运用无人测量艇对永兴岛港池及永暑礁进行测量；首次在没有大比例尺海图参考的情况下实施南海岛礁测量……彰显出我国海事强大的远航能力和远深海测绘实力。同事们常称赞冯玉龙“艺高人胆大”，是危急时刻冲锋在前的“探海先锋”。殊不知“万丈高楼平地起”，长期学习、刻苦钻研、周密规划、锐意进取才成就了今天船员们眼中的这个“全能船长”。

生活中的冯玉龙像个知心的“老大哥”。一年 365 天，冯玉龙有 200 多天都和船员们生活在一起，他总是关心着船员们的工作、生活，像个大家长一样照顾着每一个人。工作之余，他把更多的精力投入了“海巡 166”轮的建家工程。在冯玉龙“绣花”式的改造下，“海巡 166”轮的船貌焕然一新。白色的船体清洁秀丽，在湛蓝大海中分外醒目。据船员介绍，当初船上的斑斑锈迹可让冯玉龙花了不少功夫。船舶生锈不仅影响美观，更缩减着船舶的使用寿命。冯玉龙闲暇时就带领大家对除锈工具进行升级改进，由除锈榔头更新为更精细的针式除锈枪，他又总结出不同颜色防锈漆交替涂抹的新方法，大大减少了船舶保养的次数。走入船舱，“同舟驿家”的标志鲜亮而醒目，船舱里整洁有序，还摆放着船员们精心养护的绿植。在冯玉龙的带领下，“海巡 166”轮成为一个流动的培训基地、文化沙龙中心。每一位入职的船员，都可以参与船上定期举行的业务培训和文化活动，提升能力、发展爱好。“海巡 166”轮还在小家建设中组建了“船员家属互助队”“青年志愿者服务队”，对遇到困难的船员及时伸出援手，让“关爱暖家”的理念走向每个船员家庭。

汗水收获

春华秋实，每一滴汗水都有它的意义。如今的“海巡 166”轮已经成为海事测绘正规化建设中的明星旗舰船，先后获得了“上海市工人先锋号”“上海市模范集体”“全国质量信得过班组”“上海市模范职工小家”“交通运输部海事局模范职工小家”“全国工人先锋号”等荣誉称号。冯玉龙船长个人也先后获得 2007—2008 年度上海海事局海测大队优秀共产党员、先进典型代表，2008—2009 年度上海海事局先进生产者，并在 2019 年交通运输部系统的评选中获得优秀共产党员的称号，2009—2011 年度上海海事局海测大队优秀共产党员，2010—2012 年度海测大队“创先争优”活动优秀共产党员。

九万里风鹏正举，新征程砥砺初心。转眼间，冯玉龙同志已经在交通运输行业奋战了近三十年。在无数个日夜里，他始终坚守初心，在平凡的岗位上默默奉献、铸就不凡。如今，他仍和千千万万默默奉献的劳动者一样，正在祖国的蓝天碧海间书写浓墨重彩的新篇章。

走进大美海测人——陈正伟

记录人：秦　政
编　写：季凯敏

他参与过“渤海湾超大型航路扫测”“宜昌落水危险品集装箱扫测”等重点工程或应急扫测；2014 年 10 月底，他随“雪龙”号科考船出征南极，经历 163 个日夜，3 万多海里航程，在风速逾 20 米 / 秒的狂风中挑战生命极限……最终成功获取南极新站附近海域水下地形测绘资料。从普通的测绘人员到今天的质量管理科副科长，始终不变的是他勇挑重担、勇于突破的品质。“愿你出走半生，归

陈正伟工作照

来仍是少年。”几年过去，英雄的光芒逐渐淡去，他还是那个为海事测绘夙兴夜寐的少年……他就是东海航海保障中心上海海事测绘中心的陈正伟。

他把大数据融入海事测绘

“在我看来，真正感动交通的力量，是航保测绘人走向深海的坚定步伐，是海事人实践国家战略的坚定意志。”这是陈正伟在“2015年感动交通十大年度人物”视频报告会上的发言。在工作中，他用意志与行动体现一个海事测绘人不变的责任与担当。

2003年，陈正伟从同济大学测绘工程专业毕业，学的是测绘工程，还辅修了计算机专业。2004年，他自学参加了国家统一组织的软件设计师考试，取得软件设计师资格证书。同年，他进入上海海测大队。

那时候海道测量刚开始使用自动验潮仪，由于保存的文件格式不一致，需要把数据打印出来后把所需数据挑选出来输入到电脑里，再保存为所需的文件格式。“有的工程比较大，一个工程二三十个潮站，多的时候要挑出来500多个数据输进去，工作量非常大。”于是，陈正伟研发了一个小程序，能够直接在自动验潮仪所显示的数据界面上勾选要用的数据，然后保存成需要的文件格式，简单便捷，大大减少了工作量。

“海事测绘有一个环节，要将测量的水深点展绘在图上。由于当时内业处理技术限制，数据处理效率较低，特别是处理多波束这种大数据量的文件时，读取数据耗时很长。”为了提高工作效率，陈正伟开始着手开发基于AutoCAD软件平台的“海道测量工具包”。“以航道疏浚为例，单项工程水深点少说就达几万个，有什么问题，肉眼根本看不过来，需要单独计算。而通过软件，一两分钟就把几万个水深点检测完毕，合格与否一目了然。以前一个小时都处理不完的数据，现在5分钟左右就可以了。”陈正伟向记者介绍，“‘海道测量工具包’界面上还加了一个分色，可以实现人工自定义分层分色显示。”目前，该工具包已经历上百次升级，功能日臻完善，成为测绘中心内业处理的一个重要工具。

陈正伟通过学习，先后取得了国际A级海道测量师、国家注册测绘师等资格证书。他敢于攻坚克难，善于创新，利用自己的专业特长开发的软件解决了测绘生产中一系列问题，提高了日常工作效率的同时大幅降低出错率。

同时，陈正伟熟悉多波束测深系统等大型海洋测绘设备，在多波束的开发、应用方面进行技术攻关，解决了多波束测深系统的安装与标定、外业采集、内业处理等一系列技术难题。参与编写了《多波束测深系统测量技术要求》，与专家一起总结了多波束各方面的经验，为该《技术要求》的成稿贡献力量。目前该《技术要求》已作为行业规范由交通运输部发布并在行业内推广。

他让海事旗帜在南极高高飘扬

对于工作，陈正伟一向认为所有的付出都理所应当，为他带来无上荣光的南极科考航海保障经历同样如此。

2014年8—10月，陈正伟主要负责南极测绘的各项前期准备工作。为了完成前往南极的各项审批手续的申报及测量方案的编制工作，他经常与技术人员一起商讨完善测量方案，讨论极地特殊气候对设备的影响；与极地研究中心相关部门沟通了解南极测绘的需求情况，收集各种相关资料，为极地扫测项目的顺利开展奠定基础。

2014年10月30日上午，随着一声汽笛长鸣，“雪龙”号从位于上海的中国极地研究中心国内基地码头缓缓起航，启程执行中国第31次南极考察任务。东海航海保障中心的两名海事测绘人员参与了该任务，陈正伟便是其中之一。这是自1984年我国开展南极科考以来，交通部首次派员参加，他深感使命光荣，任务艰巨，责任重大。

“在别人眼里，大海是辽阔的、壮美的，而在我眼中，她就是一串串的符号、一个个的数字，我更关心的是水下的神秘世界。”对陈正伟来说，神秘未知的大海充满诱惑。

在难言岛，为了节约淡水，不能洗漱，大家甚至把餐后刷碗的水都喝掉了，每天工作 15 个小时以上。就在这样艰苦的条件下，一周下来，陈正伟和队员们协助完成新站考察的核心任务——岩芯钻探工作，完成自动验潮站的安装及 RTK 定位基准站的架设、验潮点至岛上水准原点的水准联测、定位精度比对等测深任务的前期基础性工作，为新锚地的发现打下了坚实的基础。

风速逾 20 米 / 秒的狂风，浪高达七八米的巨浪，裹挟着测量艇一次次撞向“雪龙”号，陈正伟的胃里翻江倒海，他紧紧抓住扶手，实在忍不住便吐一会儿，又接着调试设备；当设备出现故障时，陈正伟和队友裴宁钻入宽 3 米、长 8 米的无人测量艇，猫在狭窄的设备舱里，对几十根数据线一根根地排查，对上百个设备参数一个个地调试，终于解决了问题。他和同事裴宁经过 46 小时的不间断测绘作业，顺利完成了维多利亚地新站锚地水域共 12 平方千米的扫测工作，完成多波束和旁侧声呐扫测测线共计 280 千米。

2015 年 1 月 5 日 11 时 50 分，“雪龙”号科考船在“海巡 166-01”艇的引导下，在南极维多利亚地新站以东 0.5 海里海域，于 163° 46.0′E，74° 54.7′S 抛下历史性的一锚。

这一次，比原漂航位置距离新站近了至少 3 海里，大大提高了维多利亚地新站后期建设及卸货的作业效率。这是从专业海道测量角度发现的第一块南极锚地，为人类和平利用南极作出了积极贡献。

整个考察历程 163 个日日夜夜、30 000 多海里航行里程，4 次穿越魔鬼西风带，在考察队临时党委的领导下，陈正伟严格遵守考察队的各项规定，牢记使命，圆满地完成了各阶段考察任务，也得到了考察队的认可，被评为优秀共产党员。

他扎根在技术创新的土地上

2015 年 4 月 10 日，陈正伟从南极返回上海，经过短暂休息以后，又投入到工作中。根据测量队班子成员的分工调整，陈正伟负责队内水文、质检及统计工作。他时常关心分工内的工作进展情况，认真推动相关人员在规定时间内优质完成具体工作，使各项工作进展顺利，很好地完成了本职工作。

“水文质检工作是一件很精细和烦琐的工作。一般外业测量完成后，潮位站基面的确定需要一定时间检查人工比对资料，质检完成后再开展基面计算，陈正伟都能积极协调水文基面计算人员在质检完成前先修补验潮位资料，并根据人工比对资料计算基面关系，加快了测绘生产进度。”质量管理科科长高士森说。

2016 年，在陈正伟的带领下，测量队全体质检人员勤勤恳恳，在部分时间人员极度紧张的情况下，为了主业任务按时汇报而加班加点，在当年 12 月中旬优质完成全年港口航道图检查任务，全年完成 38 项临时指令性及应急测量和 228 项指导性测量任务；主要参与了“东海海区陆海垂直基准转换与统一工程”，在项目前期准备阶段参与确定外业 GPS 观测、水准联测的 147 个站点，实施过程中协调熟悉站点情况的人员协助实施单位，并提供起算数据及现有控制点，项目后期参与项目总结材料、监理报告的审查等工作，并组织人员将项目成果应用到实际工作中。

“我始终觉得自己还有很多需要提高的地方，而质量管理科的工作有很多技术创新提升空间，我还需要时间去沉淀，需要学习进步。”陈正伟谦虚地说。

现任质量管理科副科长的陈正伟，同时也是上海海事测绘中心专家委员会副主任，负责协商海事测量方面技术性问题的解决。针对部分电脑因软件密钥冲突无法安装 Caris GIS 软件、多波束密采数据无法抽稀的问题，他深入研究了抽稀算法并自行开发抽稀软件，软件经多次测试后目前在测量班组中广泛使用。他配合“东海海区差分台站天线位置测量及拉距测试”工作，对 RBNDGPS 数据观测及统计分析软件进行了修改，增强了采集方式的多样化和业内分析能力。由于其一丝不苟的精湛技术和追求卓越的工匠精神，陈正伟在 2020 年被授予了“上海工匠”称号。

作为一名海测人，陈正伟始终兢兢业业、埋头苦干，对海事测绘发自内心的热爱，让他坚信、坚持、坚守。

第三篇 务实奉献

在不少媒体人口中，海测人被称作“探海先锋”。因为他们的工作是“踏着风口浪尖的舞蹈”，时刻准备在险情中冲锋在前，把危险留给自己，把安全留给他人。他们有搏击风浪的勇气，有置生死于度外的大义，也有苦中作乐的幽默。许许多多的记忆，定格在照片中，流传在故事里。本篇特意邀请老一辈海测人，从他们的回忆中，打捞那些沉淀在光阴里的宝贵故事。

他们有搏击风浪的勇气，有置生死于度外的大义，也有苦中作乐的幽默

20 年前的一次“冬泳”

讲述人：方庆宪
编　写：钱锦超

站在黄浦水文站的楼上，眼前的万国建筑群，像一幅绵绵不断的画卷，镌刻着历史的沧桑；而对面的陆家嘴，各种形状的高楼大厦鳞次栉比，错落有致，仿佛一支支画笔，书写着历史的变迁。

宽阔的黄浦江里各式各样的船舶在阳光下熠熠光辉，乘风踏浪，川流不息，呈现出一派百舸争流的繁忙景象。而在这繁忙的背后，是一群平凡的海洋测绘工作者坚守使命和初心的接力奉献，他们的故事就跟外滩的风景一样精彩。

前往工地全靠赶

1989 年 11 月底，海测大队在杭州湾地区实施航道测量工程。那时候，我们的测量手段还比较落后，都是人工作业，做一幅杭州湾的全测序列图，基本上是整个大队全员出动，历时 3 个月才完成。

验潮组作为工程的一个小组有 4 名成员，租借了一艘渔船（沪宝机 2223），主要工作是在金卫港附近和浙江岱山两头洞进行人工验潮。因为还要给鱼腥脑测站送补给，所以最后出发。

早上刚采购好食材，就接到总指挥的指令，工程将于次日 07:00 开始，各部门必须提前做好各项准备工作。这意味着验潮组必须在当天下午就赶到现场，设好水尺才行。因为还要去鱼腥脑送补给，留给小组的时间并不多，要是天黑了，就没办法设水尺了。大家意识到时间的紧迫，没有半分停留，收拾妥当，一声令下，直接就开船了。

食材补给全靠扔

“海浪如云去却回，北风吹起数声雷”，那天长江口区风浪很大，阵风达到7级以上。坐在船上就像过山车一样，一会儿一跃而上，脱离了海面，一会儿又腾空而下，肚子似乎在被挤压，胃里一阵阵翻江倒海，难受得真想吐。船上共载有10人，除了船长，基本上所有人都晕船趴下了。

渔船在风浪中颠簸着前行，终于到了鱼腥脑测站，可是待船靠近时，大伙儿发现鱼腥脑灯塔周围有许多暗礁，在海浪的推涌下，时隐时现，渔船根本不能靠近，只能在外围徘徊。

看到灯塔上的同事正眼巴巴地看着船上的补给，大伙儿灵机一动，把船靠到最近，然后把菜扔过去。大伙儿找了个力气大的，站在船头，使劲往前一扔。只见一个趔趄，差点没摔倒，船在海上不停地摇晃，很难掌握重心，再一发力，容易站不稳，大伙儿赶忙上去扶住他。再看那颗大白菜，“咚”直接掉海里喂鱼了。尝试了几次，终于成功地扔了几颗，但由于船的晃动，再加上距离很难把控，最后总共只扔上去10颗不到的大白菜，其余的都掉进海里喂了鱼虾。

设置水尺全靠游

离开鱼腥脑，大伙儿继续向金卫港前行。此时风浪也渐渐小了下来。下午3点左右，终于到达了金卫港，着手准备水尺安装工作。

可意想不到的事情发生了，由于船老大不熟悉港口地形，船搁浅了，而且刚好搁在河道的中间，进也不是，退也不是。当时正好落潮，要是再等涨潮那得要三四个小时，天都黑了还怎么设水尺？

大家心里急啊，要么下水游过去，要么上报指挥部要求工程延期。全组同志简单商量了一下，认为工程延期势必会带来较大损失；要是游过去的话，11月底，光在船上被风吹着就已经很冷了，更不要提穿个短裤下到只有几摄氏度的海里了。思量片刻后，大家都抬起了头，互相看到了眼中的坚定，默默地点了点头，决定游过去，按时设好水尺，以保证工程顺利进行。于是我们留下 1 名同志在船上与指挥部保持联络，其他 3 人下水游过去设水尺。

脱下棉衣下水的时候，每个人都不禁哆嗦着，瘆人的寒气“嘶”地一下子涌入身体，让人不由自主想要退回去。但大家还是咬了咬牙，“蹭蹭蹭”地跳入了水中，把棉衣和工具一起放入木盒，然后推着木盒慢慢向岸边游去。

工作取暖全靠吼

这段路看着距离不远，水也不深，但游起来很费力，因为这个水闸冬天长时间不用，水底淤泥很多，你要是站着，脚就会陷进淤泥里，跟在沼泽一样，脚底如同有着千斤的重量拖着你，让你寸步难行。没办法，被逼急了的测量员干脆直接就趴在泥浆里往前爬，总算到了对岸。

上岸后，大家都笑了，一个个都成了泥人娃娃，浑身上下除了眼睛外全是泥巴。大家赶忙在滩涂的水塘中洗了洗，穿起棉衣，趁着还未涨潮赶快设置水尺。

金卫港附近落潮时滩涂很长，近 2 千米，所以我们就从低潮的水尺设起，逐渐向岸边靠拢。

“加油！趁身体还不僵，赶紧干活！”

“加油！加油！”

“吼起来就不冷啦！”

四面没有一处遮风的地方，虽然上身穿着棉衣，但下身仅仅只有一条短裤，身上还是湿漉漉的，风一吹，那“酸爽”，都感觉自己快成冰棍了。在这种情况下，大伙一边干活一边鼓劲，用工作、用意志来取暖。经过近 3 个小时的努力，我们终于完成了水尺设置工作，保证了工程的正常开展。

回到船上后，大伙不禁自嘲：“我们也过了一回冬泳的瘾啊！”船员们也纷纷上来与我们一起笑啊闹啊，好像打了个大胜仗。

每每想到这次金山测量工程的情景，都忍不住有点动情。他们的工作作风、解决问题的能力都令人由衷敬佩。

这只是我们测量工作中的沧海一粟，在我们的工作中，还有许多类似的困难，同志们都能想尽办法予以解决，苦中作乐。正是这一次次克服难题的勇气和决心，保证了工作的顺利开展，推动着海测之船劈波斩浪，勇往前行！

从甩水砣绳到用上测深仪

编 写：郁志嘉

1976年，航标测量大队的外业测深仪器主要是英国进口的MS26和MS36。黄浦江测量小组担负着黄浦江航道、系船浮、锚地、小港、码头等测量任务，虽然也配备了MS26型测深仪使用于航道、浮筒、锚地测量，而小港、码头的水深测量主要还是采用点水篙和水砣绳。当时的上海港务局装卸码头属常规性测量任务，码头多、测量周期又短，加上其他单位码头的增收任务，我们每月都有近30个码头要手工测施。这要求测量员必须练就一身甩水砣绳和插点水篙的基本功。大伙儿一天工作下来都腰酸背痛，体力消耗很大，但也习以为常了。

航标测量大队仪修所的同志深知外业测量员的辛苦，在进口测深仪的启发下，以赵海林、杨根林、宋煜良等同志为主，自行设计试制了"东风"牌测深仪。这种仪器体积小、携带方便，我组龙应全同志建议将其放在舢板上用于码头测量测试。这一建议，为我们现有码头测量机械化迈开了可喜的一步。但在测试过程中也遇到不少困难：换能器脚管太长，舢板上难以固定，我们就做了一只小型的木质船，长度约40厘米，换能器装在底部，不用钢脚管，使用时随放随收。起先的试验并不顺利，不是仪器不稳定，便是钢针磨损较快、吃水过浅、水深反映断续等诸多问题。在仪修所同志的协助配合下，通过不断摸索改进，这些问题都逐一解决了，我们组码头测量终于初步进入机械作业，基本甩掉了水砣绳、点水篙等落后工具。直到1977年上半年，从江西省星子县南昌造船厂运回两只测量小汽艇后，我们将测深仪换能器装置艇底，正式把"东风"牌测深仪投入生产，水砣绳则作为校对测深仪精确度误差的工具，我们测量员这才告别了摇舢板、甩水砣绳、插点水篙的劳力操作，步入真正意义上的机械作业生涯。

时代在前进，科技在发展，现在汽艇已改良更新，测深仪再也不是“东风”牌，也不是MS26或MS36，而是更先进、更精确的测绘仪器。但是，我们决不能忘记水砣绳、点水篙这最基本的测深工具为海事测绘事业立下的汗马功劳。技术手段在不断进步，不变的是海测从业者不惧困难、开拓创新的职业信念。

测深仪

水砣绳和皮尺

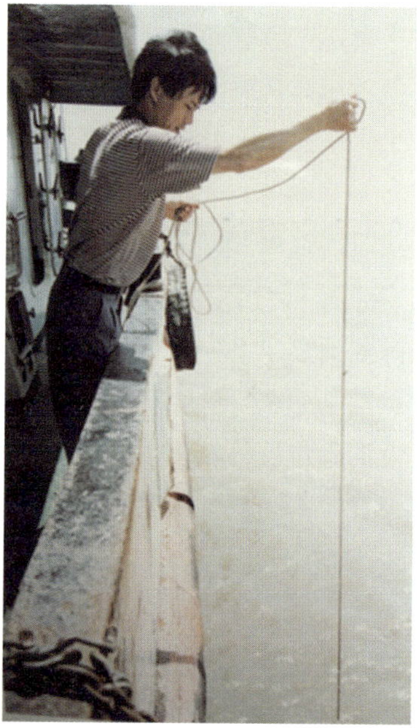

水砣绳的实际使用

南山头上的“牛粪”

讲述人：劳顺根
编　写：曹　源

在20世纪70年代，交通部下达了对连云港进行新的航道设计任务。测量队肩担重任，早早地踏上了征途。连云港虽然是陇海铁路的起点，有显要的地理优势，但是在当时却只是一个不起眼的中小港口，江苏省的平面控制网也还没有延伸到这一沿海港口。为此，我们进行了勘测，设计了控制网（这个网后来被江苏省测绘局并入省网），进行观测。

1976年夏天，我与周永发、周丁兴、张建民等同志一起，登上后云台山前面的一个小山顶——南山头进行三角观测。是年，正值封山育林的时期，山上多有毒蛇出没。这种蛇是连云港地区独有的，身体粗短，行动不很灵活，却奇毒。听说近时已经有两个当地居民上山时被蛇咬伤，一个已经死去，故而当地政府严禁上山。这天，我们赶着朝霞，担着惊险，全身长衣长裤，扎着绑腿，只露出头，全副“武装”，带着经纬仪上山了。周丁兴同志是复员军人，手拿标杆走在前面，为我们开路壮胆。沿途只朦朦胧胧地看到一堆堆牛粪晒在石头上，我们感到很奇怪，人都不能上山，哪来这么多的牛粪？

好不容易爬上了山，架好仪器，天已大亮，我们往左右一看，倒吸了一口凉气，啊呀！差一点叫出声来，原来以为的“牛粪”竟变成了一条条盘着的毒蛇。在我们观测点的周围，大约有六七条蛇，盘着身子，中间藏着一颗三角形的脑袋，有的还抬起头来吐着蛇信子。怎么办？是撤退，还是继续工作？如果撤退，等于放弃这个控制点，而这南山头点恰好是多边形的中心点，放弃这点就等于放弃一大片，会影响控制网的精度。关键时刻，唯一的办法就是抓紧时间继续观测，尽快结束工作，赶在天还未大热、毒蛇还没有蠢蠢欲动的九十点钟下山。

我们屏住气息，轻轻地转动仪器，轻轻地读数记录，连咳嗽都不敢咳。除了操作仪器和记录数据的人，其他人都在警惕周围的动静，唯恐惊动了这些“牛粪”。好不容易完成六个测回，我们轻轻收拾行当，由一人拿标杆在前面开道，一人拿标杆负责殿后，保护好仪器、资料，轻手轻脚地离开了这些“牛粪”。虽然沿途还遇到一些零星的“牛粪”，但我们巧妙地绕道而行。总算来到山下，我们长长地吐了一口气：“好险呀！”

东西连岛滩边捉蟹

记录人：劳顺根

海测工作是艰苦的，但是艰苦中也有乐趣。虽然说海测人远离家庭和亲人，但是海测人员有一个大家庭。大家生活在一起，工作在一起，一点也不寂寞。记得1977年的夏天，我们在连云港测量，有一天，因为下午风大，不能在外海工作，而改在港内测水深。测线一条一条地在进行，这块图板已接近尾声，我们的船正在向东西连岛滩边靠近，无意中发现滩上有什么东西在爬动。周永发同志全神贯注地叫着舵令，船掉头后继续上线，几个来回后，有人惊叫“蟹！”一下子我们的视线不约而同地转向了滩上，好多的螃蟹在滩上忙碌地爬动，寻找着它们的美味佳肴。周永发同志说：“还有最后两条线，

海滩螃蟹

测好了休息。”大家高兴地说要回来捉螃蟹。

机帆船船头搁上浅滩，大家争先恐后地跳进水里，奔向岸滩，呼叫着、跳跃着，高兴得手舞足蹈，像小孩子一样尽情地闹呀、唱呀。滩上爬满了螃蟹，最小的也有二两以上，这种螃蟹不是海蟹，也不像河蟹，脚很有力，身子能立起来，螯向来犯之敌挥舞，有几个人都被它“咬”过。大家一会儿就捉了一大木桶，人已筋疲力尽，天也早已黑下来了。我们收工回住地，洗脸吃饭。螃蟹已经由船员帮助烧好，足足有三脸盆。大家边吃蟹，边看虞先宗同志表演戏法，一边还谈着未来，谈着海测事业的发展。我们就这样愉快地在工地上度过了又一个夜晚。

海测工作的特点决定了必须长年奔波在海上，环境艰苦可想而知。将艰苦的工作干得快乐，享受其中的乐趣，这也是海测从业者必须具备的品质。不然，肯定无法长期坚持下来。

验潮棚内羊肉香

讲述人：王再明
编　写：季凯敏

当我徜徉在张家港宽阔整洁的大道上，望见蓝天映衬下林立的大厦，微风吹来，浮动着一阵阵沁人心肺的鲜花芬芳……

张家港，这哪像原来的你——沙洲，我已经不认识你了！望着百舸争流的长江，那翻滚的浪花把我的思绪带到了26年前的沙洲……

1979年冬天，测量队和水文队各派部分测绘人员赴沙洲工作。水文队担任验潮任务，同去的有我和丰建勤、仇益民、陈荣坤、李忠儒等五人。当时的沙洲是个名不见经传的小县城，街道狭窄，鳞次栉比的民宅灰头土脸、陈旧不堪。虽有“黄金水道”之称的长江流经此地，却没有给它带来些许生气。

在测量队的协助下，我们冒着刺骨的寒风在江中设好水尺后开始了验潮。按测量要求，江南、江北需同步观测，有时在白天观测，有时需分班日夜连着验潮。陈荣坤个大力壮的去了江北验潮。同伙中数我年长，其余都是小青年，每当夜晚轮到我值班，那些小伙子也不睡觉，陪着我一起窝在江边临时搭建的工棚里聊天。到了观测时间，大家都抢着去江边，顶着寒风，爬上江堤去观测潮位。

当时沙洲的羊肉很便宜。煮熟的白切羊肉在街上售一块二毛一斤，我们就餐的食堂仅售一块钱一斤。那时，夜半时分肚子饿了，就以茶代酒，用白切羊肉佐餐。说也真奇，茶水伴着羊肉吃着聊着，一个个不知哪里来了精神，没有一个人犯困。待到几大壶暖瓶水滋润着四五斤羊肉一片不剩地填满肚子，天边也露出了鱼肚白，一夜的验潮也就结束了。我们拿着观测记录本回到招待所休息，服务员好心地问："怎么不吃早饭？"我们戏谑地回答说："早饭啊在半夜就吃过了……"

如此每遇夜里验潮，我们总窝在一块儿喝着茶水吃着羊肉。棚外，北风呼号；棚内，摇曳的灯光透出的黄色亮光向着四周弥漫着融融暖意。大家围坐在一起谈工作、谈人生，观测时冒着寒风争抢着爬上江堤观测潮位……每每想到这些温馨之情就油然而生。

一阵响亮的汽笛声把我从思绪中拉了回来。看着高耸入云的吊车下奔驰着一辆辆载着集装箱的卡车，望着码头边即将启航的巨轮，一股豪情从我的心底涌起：张家港，你的崛起、你的奋发和今天的美丽，有26年前我们测量员日日夜夜的辛劳和奉献……

“刻舟求剑”新解

讲述人：钟洪基

编　写：钱锦超

茫茫大海，一望无际，深不可测，宛若迷宫。失事沉没的船舶在哪里？掉在水中的货物在哪里？掉落的铁锚在哪里？漂失沉没的航标浮筒在哪里？失事掉进海里的飞机又在哪里？……为寻觅它们的踪影，我们海事测绘工作者依靠特殊的扫海定位手段，为客户指点迷津，创造了一个又一个的奇迹。

在测绘技术全面发展的今天，甚至在水中找到失事飞机上的“黑匣子”也不是什么难事了。然而，你可曾听说过，我们的测量员运用测量技术手段，为自己找到了掉入水中的手表的故事？

按部就班日常测量

那是20世纪70年代某年夏天，发生在长江口“扁担沙”浅滩测量工地上的故事。

当时水深测量还是用测深仪、三杆分度仪、六分仪的老三件仪器时代。在长江口测量，尤其是浅滩测量，完全是靠老天、靠潮水帮忙。有时天气好，视线好，但潮水不好，就无法测量；有时潮水好了，天气不好，视线不好，也无法测量。在今天看来几个小时可以完成的浅滩测量任务，在那个年代就可能要用十天半月才能完成。

为了及时完成任务，抢好天气，有时浅滩测量就干脆不用测量船测量，测量员拿着六分仪在滩上跟着水线边走边定位来测量地形（俗称跑滩）。

那天，天气不错，我们测量组的六位测量员，为了赶进度，乘着租来的渔船来到扁担沙浅滩边，趁退潮后浅滩刚刚露出水面时，脱掉身上的衣服，带上测量仪器，头顶烈日下到水里，开始跑起滩来。

突发意外手表落水

过了几个小时，开始涨潮了，工作也只能暂停了。大伙拖着十分疲劳的身体，向测量船走去。长江口大潮汛期的潮水说来就来，待大家走到船边，潮水已涨到我们的胸部了。

我们赶紧抓住船舷往船上爬，这时只听到一个测量员惊叫一声："不好了，我的手表掉到水里了！"这可怎么办？

潮水来得太快，已经没有办法潜水找手表了，就算潜下去了，手表这么小的物件，光靠摸，估计是摸不到的。大伙只能先爬到船上，然后开始出谋划策。这个说，扔个吸铁石下去；那个说拿个竹竿去捞捞看；但都被一一否决了。难道眼睁睁地看着手表就这么丢了吗？这时不知谁说了一声："赶快定个位。"对呀，我们本身就是做定位测量的呀！

大伙眼睛一亮，几个测量员立刻转身拿起六分仪，"预备——好！"一声口令，只见三架六分仪用四标三角法准确地测定出手表落水位置，期待着明天潮水退了再来找表。

怀着一丝希望，怀着对自己职业的信任，我们开船离开工地，靠上了附近的码头。

精准定位失而复得

第二天，我们又来到了工地，望着慢慢退去的潮水，浅滩一片一片地露了出来。

我们几个下到浅水里，开始边定位，边修正方位，慢慢地向昨天定出的位置靠拢，刚走到昨天的定位处，我们就发现了漂在水线上的尼龙丝表带，手表已经被一层薄薄的泥沙埋住了，抓住表带轻轻地一拎，手表找到了，我们一阵欢呼。

手表这样的物体要是掉在海里，想要找到它无异于大海捞针，难度可想而知。但是，通过我们海事测绘工作者的特殊定位方式，准确地找到了掉落的手表也非不可能之事。正所谓“古有刻舟求剑贻笑大方，今有测绘定位出奇制胜”。

一条16千米的漫漫长路

讲述人：陈乃宽
编　写：季凯敏

义无反顾　接受任务

1989年，我参与了大榭岛至甬江口的海图测绘工程。这是沿海海区按序列图测量规划设计后，对该海区按序列图规定的范围和要求而实施的首次海测工程。这样一来，区域内现有的平面和高程控制网点，就难以满足要求，需要进行重新设计和布设。首当其冲就是潮站布设和潮站基面确定问题。按设计，需在穿山岛上的涂泥嘴建立潮站，但现有的资料不能满足建站要求，就只能从穿山岛南面穿山港边四等水准点，以它作为起始点，穿过穿山岛，翻越西岙山，引测到北面的涂泥嘴，测出潮站永久水准点和工作水准点的高程，并据此建立涂泥嘴潮位站。这样的测量，规范规定要按国家四等水准测量实施，测量等级要求较高。同时，这条水准线路又超过16千米，任务艰巨可想而知。

这是一项为今后在该海区开展序列图测绘所做的基础工程，我们义无反顾，必须执行。

有条不紊　快速推进

11月15日上午，测量组作了动员，说清了这次测量的重要性，要求作业人员的各项操作必须符合规范；测量过程中，每站观测限差必须满足规范要求。为保证每站观测限差计算无差错，还采取了一人观测、两人记录对算的措施；为提高测量速度，在人员组织上，根据各测量员的特长安排了测量岗位。

这样长距离的水准测量，只有确保每站都不超限，才能将结果超限的概率降至最低。这样长的线路，我们返工不起！当天下午，施测开始。担任量测视距的两人在前，选点量好尺点，仪器观测员迅速安放调整好水准仪实施观测，同时高声报出观测数据，记录员大声复报、记录并快速计算，确定限差符合要求后，喊一声“好，转站！”立即，观测员迅速收好仪器，执后尺的收起尺垫快步奔到下站的前尺位，一个一个地测站观测，就这样紧张、有序、快速、重复地进行着，观测线路沿着蜿蜒的山路，快速地向前推进……测到穿山隧道口，天色已晚，只好打下歇站桩，返回驻地，明天继续。

圆满收尾　喜悦难耐

11 月 16 日早晨，天刚蒙蒙亮，我们又出工了。爬到隧道口歇站点，晨雾正好散去，紧张有序的测量作业又开始了。到了中午，肚子饿了，山上无村无店，哪里去吃饭呢？这时，测量船找了一部拖拉机，送来了饭菜，抓紧时间喂饱肚子，测量又继续开始。我们必须抓紧时间，要在视线清晰时，测到涂泥嘴，完成水准外业测量工作。测到涂泥嘴时，天色已渐暗了下来，各人又立即投入繁忙的水尺选位、观测记录复算和校对工作中去了。

直到检查记录结果出来，得知外业测量误差完全符合要求，大家的心才放了下来。这时，一股成功的喜悦，驱走了一日的劳累，笑容涌现在大家面庞上。

我们深刻体会到测量过程的每一个环节都必须严格按规范要求作业的重要性，体会到测量过程是一个密切配合协同工作的过程，也感动于我们这个测量团队是一个不畏艰苦、能挑重任的团队！

29 米与 31.6 米论长短

讲述人：汤文钰
编　写：钱锦超

对航行来说，因为水深已经足够深了，29 米和 31.6 米之间的高差对一般正常航行不会造成什么影响，但如果是对长度有严格要求的弹性灯桩制造来说，相差 2.6 米不仅仅是制作成本的问题了，还会直接影响到灯桩作用范围内的航行安全。

灯桩抛设测水深

20 世纪 90 年代初，我国经济建设高速的发展，对海洋测绘工作提出了更高的要求。同时高新科技在海洋测绘中的应用使海洋测绘科技取得了显著的进步。1986 年，上海海测大队从德国阿特拉斯公司引进了一套测深设备——DESO20 回声测深仪。这是当时国际上最先进的测深设备之一，100 米水深范围内测深精度小于 0.1 米。

1992 年春，福建湄洲湾开港进行弹性灯桩抛设，海测大队测量一组接到的任务为灯桩抛设进行水深测量。在组长张伟德等人的带领下，测量一组很快便到达了指定区域，完成了测区范围的水深测量。

数据不同两犯难

当时委托方有位负责人有一份福州市港务局测量队提供的水深图。两相比较后，发现在最外面一座灯桩设计位置处的水深相差了 2.6 米：港务局测量队测出的水深是 29 米，而我们提供的资料是 31.6 米。看着这两个数据，负责人犯愁了，不知道该相信谁的资料。

弹性灯桩是助航标志的一种，灯桩部分是一个固定的整体，通过很短的链条与沉石连接，抛设后在潮流作用下的摇摆度很小。弹

弹性灯桩抛设

性灯桩的灯光中心高度是有规定的，换言之灯桩的长度是有严格要求的，必须根据水深及最大潮高等数据计算出来，太短会造成灯光部位被海水浸没，太长又会增大摇摆幅度，而且造成浪费。因此，准确测定抛设位置的水深特别重要。

为了保险起见，委托方负责人要求我们和福州港务局测量队分别重新测量一次，看看是不是哪里弄错了。在组长张伟德的指挥下，我们重新进行了仪器比对和校核，在码头边进行了反复测试，确认我们所使用的 DESO 20 测深仪没有问题。重新测量后，结果发现仍然是近 32 米，而对方也坚持 29 米的水深是正确的。

正式抛设显身手

双方各执己见，但时间不等人，委托方要求尽快完成灯桩抛设任务。他们在认真听取了张伟德组长的工作汇报后，决定采用我们的数据，按照 31.6 米的深度抛设灯桩，并在第一时间内调整了弹性灯桩的长度。

在抛设现场，巨大的灯桩被“起吊 9 号”吊着缓缓地沉入水中，1 米、2 米、3 米……随着灯桩不断地下沉，大家的心情越来越紧张。接近 29 米时，在场的每个人都屏住了呼吸，心都快蹦到嗓子眼了，眼球集中盯住灯桩上的深度刻画。灯桩的走势在 29 米处并没有停住，它还在继续下沉，最后稳稳地停在了 31.6 米的地方。

“成功了！”几个人几乎是同时喊了出来，现场一片欢腾。事实证明，我们是对的。鉴于在工程中的优异表现，海测大队授予张伟德同志个人三等功，授予测量一组集体三等功。这只是我们测量生涯中的一个小小的故事。在一次又一次的测量工程中，我们正是依靠科学的管理手段、精良的仪器设备、严格的操作规程，才测出了一个个准确的水深数据，为港航单位提供了优质服务。

“饭苍蝇，不脏”

讲述人：王良玉
编　写：钱锦超

当你听到“苍蝇”两个字的时候，第一反应是什么？也许想到了吵闹烦躁的声音，杂乱无章的环境，也许想到了肮脏不堪的细菌……但是在我们海测职工的眼中，苍蝇好像并没有那么讨厌，到底是怎么回事呢？

苍蝇满天照吃不误

二十多年前，时令深秋，天气和暖，阳光明媚。

有个测量分队去杭州湾测量，那日海面如铺着打皱的黄绸，快到午饭时间，帆船停泊在一个荒岛上，荒岛一片深绿，苍蝇弥天。

饭菜刚一端上桌，就扑满了苍蝇。新来的测量员愁眉苦脸，连连挥手驱赶扑打，然而苍蝇似乎饿急了，无所畏惧，此起彼落，以生命为赌注，吃定了霸王餐。而老测量员只是顺手赶赶，照常夹菜、盛汤、吃饭，并劝新测量员快点吃。

新测量员拉长了脸，起身离开饭桌，但给分队长叫住了。分队长说：“刚开始我们都这样，慢慢就习惯了。但要快点习惯。人是铁，饭是钢，一顿不吃饿得慌。”

这时分队长从西红柿蛋汤里舀上来一只身形壮实的绿头苍蝇，他把苍蝇倒在桌上，继续舀汤喝。新来的测量员一阵干呕。一会儿，副分队长从小青菜里夹起一个红眼的苍蝇头，他筷子一晃，把蝇头也晃在桌上，继而夹起小青菜往嘴里送。一会儿，技术员从南瓜里挑出一只肢节分明、还带着绒毛腿的麻苍蝇身子，搁在桌上，甩甩筷子，夹起南瓜吃得津津有味。新来的测量员终于屏不住，一扭头，“哇”地吐了一地。

赌吃苍蝇心服口服

一位老测量员说：“是饭苍蝇，不脏的。”

新测量员反驳：“别搞笑了，是苍蝇，哪有不脏的！”

老测量员说：“饭苍蝇不脏。苍蝇脏不脏，关键是环境。澳大利亚出口苍蝇，还把苍蝇印在他们的钞票上呢。这里是荒岛，苍蝇吃鱼吃虾，我们来了吃饭吃菜，干净着呢。”

新测量员抬起了杠：“苍蝇富含蛋白质，你说不脏，那你为什么不吃苍蝇！”

“吃就吃，赌点啥？”

“你说赌点啥？”

“你吃一只苍蝇，我给你五元钱。”

“我也给五元。”“我也给五元。”“我也给五元。”分队长、副分队长、技术员，还有其他几位测量员一齐起哄。

那位老测量员问：“当真？”众人齐声回答：“当真！”

老测量员说：“好，拿苍蝇来！”

抓苍蝇实在太容易了。一眨眼就抓了十几只。老测量员把那些折翅拖肠、死了或半死的苍蝇排成歪歪斜斜的一排。那些半死的苍蝇还在想方设法挣脱那个行列，但它们破裂的肚肠像细线把它们捆在那里，让它们徒然地挣扎。那位老测量员把苍蝇一只接一只地拈起来往嘴里送，吞一只大声报一下数。

围观的人，瞠目结舌，只有新测量员呕得满脸眼泪鼻涕，擦个不停。

突生意外虚惊一场

傍晚船靠码头，但分队长吩咐天黑后做饭。吃饭时差不多九点钟。有饭有菜，还有五十二度的乙级大曲。大家喝得欢吃得香，但有两个人坐在饭桌上，不拿筷子。一个当然是新测量员，另一个则是那位老测量员。他歪着头，双手揉着肚子。他肚子有点痛。大家问他感觉如何，吃药了没有。他说肚子不胀也不拉，吃了消炎药也不见效。大家打趣说是不是苍蝇作祟。老测量员说："不会吧。"

分队长对新测量员说："来，喝点酒。我们是水上作业，湿气重；又在野外，卫生条件有限，所以要喝点酒。这喝点酒呢，一是消消毒，要不然，怎么能够做到不干不净，吃了没病呢？再一个是驱除湿气，防止患风湿病、关节炎。"

新测量员说："一想到苍蝇，我就恶心，吃不下也喝不了。"

分队长说："苍蝇是感光的。我特地吩咐天黑了再做饭，饭菜里肯定没苍蝇。桌上没苍蝇，你也看到了。退一步讲，苍蝇再恶心，饭还是要吃的，不吃饭身体怎么吃得消，会饿出胃病来的。俗话说，三十岁前人养胃，三十岁后胃养人。"

新测量员还是不拿筷子。那位老测量员说："我苍蝇都吃了，你还有什么不能吃的。"

到了半夜十二点，那位老测量员肚子痛得胡喊乱叫，满床翻滚，对吃苍蝇后悔不迭。大家都慌了，真以为是吃了苍蝇引起的，都从床上一骨碌爬起来，抬起他朝医院尽气狂奔。

经诊断，那位老测量员得的是急性阑尾炎。大家都松了一口气。

这些测量员们跋山涉水、日晒雨淋、风餐露宿，经历惊涛骇浪，在各种艰苦的环境中描绘着祖国辽阔大海的"素颜"……

时光荏苒，那时的新测量员也成了老测量员，现在经常很淡定地给新来的测量员讲："饭苍蝇，不脏！"

孤岛求救

讲述人：夏志柏
编　写：钱锦超

老话常说“常在河边走，哪有不湿鞋”，从事海事测绘行业，那更是“常在海边走，意外经常有”。大风大浪、触礁、搁浅等危险都是时常会遇到的事情，但有一次被抛弃在孤岛上的经历却是让人刻骨铭心，终生难忘。

抢时间进行实地踏勘

那是1995年8月下旬，由陈宝等四人组成的踏勘小组刚忙完马迹山测量工程的工作，接到指令后，又马不停蹄地投入舟山序列图工程前期踏勘工作中。

舟山海域岛礁众多，水下地形极为复杂，只有充分做好前期踏勘工作，才能保证后续工作的顺利开展。他们按照工作计划，一路跋山涉水，风餐露宿，虽然辛苦，但还算顺利。踏勘工作临近结束了，大家都充满信心和喜悦。

一天清晨，照例在6:00收听当地气象播报，预报为多云转阴有阵雨，下午有台风影响舟山海域。但窗外天空白云朵朵，凉风习习，海面上风平浪静，怎么办？四人讨论了一下，现在就剩下笔架山一处未实地勘察了，如果能抢在台风到来前完成笔架山实地勘察，在台风影响的后面几天的时间里，就可以在室内着手整理资料、编写勘察报告了。这样舟山序列图工程就可以提前一星期开工啦！

对！就这样决定了！

说干就干，做好准备工作，马上出发了。我们乘上租用的渔船，直直地向笔架山开去。两小时后，到达了目的地。然后留一人在船上，注意周围海况，守着高频电话，可随时接应。其余三人身背仪器带着资料就登岛了。

笔架山是一个无人荒岛，岛上杂草丛生，人迹罕至，根本没有路，大伙儿披荆斩棘，喘着粗气艰难地前行着。爬了半个多小时，到了山顶时已汗流浃背。大家都顾不得擦去脸上的汗水，就开始工作，寻找控制点，找到控制点后，进行控制点编号核对，查看周围环境，并做好相应记录。

被提前到来的台风困住

就在此时海况骤变，不知什么时候，天空已是乌云翻滚，山顶上的树和草被刮得沙沙直响，看来台风提前到了，先前的宁静是台风到来的前兆。

“不好！要下大雨了，快保护好仪器和资料！”大伙儿分头行动，马上将测量仪器、小高频等用雨披包好，把踏勘资料装入早准备好的塑料袋，放进石头缝隙里。刚做好这些，“哗”的一声，雨点就

提前到来的台风

连成了线，像天塌了似的，铺天盖地从天空中倾泻下来，三人又急匆匆地把上衣及长裤脱下装入另一个塑料袋，塞入石崖下。

山顶上，没有任何遮挡。骤雨抽打着地面，雨飞水溅，迷蒙一片。三个人只能赤着膊只穿着短裤，硬生生地挨着暴雨的毒打，雨滴打在身上就像有鞭子抽在身上一样，隐隐生痛。刚才身上还热得冒汗，现在竟冷得瑟瑟发抖，直打哆嗦，还不时地打喷嚏，真是狼狈不堪啊！

约五分钟后，雨渐渐停了，大伙儿赶快用手抹去身上的雨水，穿上衣服，以防感冒。赶紧用小高频呼叫交通船。

此时意外发生了，交通船并没有像我们预想的那样过来接我们，而是不知什么时候起离我们越来越远了。从高频电话中得知，交通船关键时刻掉链子了，出了故障，螺旋桨也掉了，失去了动力，只能抛锚待援，不时还要走锚，船自己都泥菩萨过江了，更不用说来接应我们了。

眼看岛边回港避风的过往船只越来越少，我们不断地用小高频呼叫其他船只来救援，但直到小高频电池耗尽，也无回应。

时间一分一秒地过去，大家焦虑万分……

不放弃终于脱困

不知谁大叫一声："有船了！"只见山脚转角处有一艘船正缓缓驶过。三人看到希望，大声喊叫着，兴奋地脱下上衣，用力在空中挥舞，奢求能被他们看到。但十分钟过去了，那小船渐渐远去，我们三人像泄了气的皮球，瘫坐在地上。

大家心里顿生一种恐惧感：这样下去，至少三四天我们要被困在这山坡陡峭的荒岛上。不管白天夜晚，上无片瓦可遮风挡雨，下有蚊叮虫咬断水断粮，更可怕的是周围有毒蛇出没，若被咬伤后果不堪设想……

一会儿，天又下起瓢泼大雨，大家又脱下衣裤装袋塞入石崖下，就这样反复折腾了几次，已是疲惫不堪。

正当大家感到绝望无助之时，远处驶来一条船，我们又一次兴奋呼叫着，拼命地摇晃着手中的衣物。这小船原来是船员千方百计好不容易呼叫来的。

救援船驶近后，我们仿佛看见船员用手指了指西面，我们立刻明白了：要在笔架山背风的地方接我们。

我们立刻带好仪器和资料下山。由于风浪很大，船舶随涌浪上下近两米，船左右摇摆三四十度，海浪拍打山崖溅起白色的浪花，感觉随时要把人拖下去。在这样的海况下登船，我们都不由得倒抽一口冷气，一旦失手，存活概率就很小了！

但情况已至此，已经没退路了。这就要靠多年的海上经验与勇气了，船上人员也准备好救生用具接应。第一名小组成员看准机会，抢在涌浪上下最佳位置纵身一跳上了船，两位船员马上接应，其他成员也效仿着一一上了船，此时船立刻向外倒车，然后慢慢地掉头后驶向附近的避风港，这时我们绷紧的神经才松弛下来。

到了避风港后，救我们的船用电话联系上亲友的船只，把抛锚的交通船拖到安全港湾，此刻四人才露出宽慰喜悦的笑容，因为船舶、仪器、人员都安全了，资料完整无缺！

时间一晃已过去二十多年了，回想起那段惊险经历，至今仍心有余悸。但是海测人员正是用他们的这种敬业勇敢的职业精神，为祖国测绘事业的发展贡献着自己的力量。

校门口的“风波”

编　写：季凯敏

校门口的“风波”

这是一个平常日子里的周五下午，在一所小学大门口，一对二年级双胞胎姐妹正翘首以盼，等待着前来接他们回家过周末的爸爸。

眼见校门口的同学越走越少，她俩心里开始焦急了。

这时一辆出租车向她们驶来，走下一位40岁左右的阿姨，左顾右盼地向她们走近。

“喂，两位小妹妹，你们的爸爸是不是叫黄要胜？”

“是啊。”

“哇！那太好了，我可接到你们了，快到我家去过周末吧，你爸爸这一个星期不回来了，他是托我来接你们的。”

“啊！……”两个小鬼睁着明亮的大眼睛望着那不相识的阿姨，机警而又不失礼貌地说：“阿姨谢谢你了，老师和爸妈平日里都教我们不能随便麻烦人家的。”

阿姨忙解释说：“我丈夫是你们爸爸单位的支部书记，今天凌晨3点，你爸爸的船接到紧急任务开航去了，你们就到我家去吧。”

正在她们僵持之际，前面又来了一辆轿车，急急地下来一位30多岁的叔叔，过来便问：“小朋友，小朋友，你们看到黄帅、黄莉她们了吗？”“啊？我们就是啊！”“哇！……那太好了，我可接到你们了，快跟我回家吧，你们的爸爸今天不回来了，他托我来接你们的，好不好？”

“什么！……你是谁呀？”先来的阿姨问。“噢，我是她们爸爸的同事，是‘海测1007’轮的船长张俊。请问你是……？”“噢，我丈夫是你们船队的施伟，我叫韩芳，我受丈夫之托来接她们回去的。”“哈……书记夫人，久仰久仰！”

正在这时，黄帅、黄莉的班主任徐老师来了，相互讲明事情原委后，大家脸上都露出了会心的笑容。

深夜里的电话

故事还得从当日凌晨2时说起。一串清脆的铃声惊醒了睡梦中的黄要胜，他懒洋洋地拿起电话。

“喂……喂……？”

“黄要胜，你赶快起床，务必在02:45赶到船上，03:00正式开航，长江口深水航道沉了船！”这是王船长的命令。

“好的，马上赶到！”他立马起身，边穿衣服边打大众出租汽车公司的电话。

一切动作都是那么顺其自然，仿佛就是每天排练过一样。

茫茫夜海，皓月星空，一艘海测船急速驶出吴淞口。

当船开到出事地点作业时，天还未亮透，但所有的手机信号已没有了，那是一个信号盲区。

09:00，黄要胜从驾驶台当值下来，首先给话台打了一个高频电话，委托同事张俊打一个电话给母亲，叫她老人家去接一下孩子。

张俊心想，我自己有车，就让我去把孩子接到自己家里好了，正好和自己的女儿一起玩，好省一些老人家的心力。再说，黄要胜妻子因厂里效益不好，下岗已久。厂里为了减轻他家负担，又组织他妻子去外地劳务，长年不回家。黄要胜真是既当爸来又当妈，为了不影响船舶出航，他把两个女儿送到了寄宿制学校。“对这样有困难的同事，我也应该帮助。”这是张俊一贯的思想，他经常用自己的车帮助有需要的同事，他是一名共产党员。

支部书记施伟同志，工作一向细心。上班后他就扳着手指逐一分析了每个船员的家庭情况。想到黄要胜家有一对双胞胎在念小学二年级，妻子在外劳务，今天是周末，谁去接小孩？谁给她们做饭？

应该关心一下这样的同志。他随手拿起电话，打给上早班的妻子，叫她下班后准备一些菜，然后放学前去接黄要胜的两个孩子。所以就出现了开头的一幕。

餐桌上的温情

张俊开着空车回到家里后，一想不对，觉得自己应该赶紧打一个电话给黄要胜的妈妈说明情况，否则老人家万一到儿子家里去，既不见儿子又不见孙女，那不是要急坏她老人家了吗？

“喂！您是黄妈妈吗？我是黄要胜的同事叫张俊，您儿子执行任务今天不回来了，您的两个孙女被施书记家接去了，他叫您放心。”

“什么？这个混蛋儿子，怎么能把我日夜思念的宝贝孙女弄到别人家里去过周末，嫌弃我们啦！混蛋！混蛋！”

老人家问清施书记家地址后，放下话筒就决定到施书记家去把孙女们接回来。

辗转两趟公交车，就到了施书记家，施书记夫妇热情地把她迎进屋内。施书记家装修很简单，但餐桌上的晚餐却甚是丰盛：有清蒸桂鱼、大明对虾、椒盐牛饼、海鲜粉丝煲、清炒海瓜子、碧绿的时蔬……，摆了满满一桌，几乎每一道菜都是饭店的精品。老人家看着两个吃得津津有味的孙女，感动不已，千谢万谢说：“难为情，难为情。”而施伟夫妇劝服了老人家坐在两个孙女中间，请她一起吃晚餐。吃过晚饭，便叫了一辆出租车亲自把她们送回了家。这样，校门口的一场“风波”算是画上了圆满的句号。

海测“旗舰”的一次“杯盘狼藉”

讲述人：李　松
编　写：曹　源

题记

如果说，风过无声，雁过无痕，那已经过去很久的南海经历就应当如惊鸿一般在湛蓝的苍穹中展翅一挥从此消失，然而，它却在我记忆的深处留下了不可磨灭的印记……轻松惬意的时光总让人心情舒畅，风平浪静的日子也让人安静从容，平淡简宁的生活亦让人宁静淡然，然而穿越风霜、迎风起航、逆境成长的经历却更让我刻骨铭心。

惬意

记得那是一个阳光明媚的日子，我揣着满心的期待，带着莫名的兴奋，载着无限的遐想开启了人生中第一次奇妙旅途——南海巡航。开航后的风和日丽让我们始料未及，本来想象中的种种困难好似离我们很远，这使我心中充满了对天公的各种赞誉之词。开始的时光总是轻松愉快，清晨伴随着阵阵饭香看那轮粉红的太阳跃出水面，漫天的红霞与深蓝的海面映成一线，那种豁达宽广一扫心间一切纷扰；海鸥跟随船尾滑翔，航行的船舶划开平静海面荡开的层层波纹；黄昏映满眼帘的落日余晖，伴随着碟盘叮叮当当的声响……那些画面是多么让人感到心旷神怡、美不胜收啊！

狼藉

然而好景不长，伴随着睡眼蒙眬起床的不是饱睡后满满的幸福感，而是头昏脑胀、脚步虚浮，似乎随着我们睡意的远去大海也苏醒了过来，时不时地伸个懒腰，给我们带来嘭嘭的声响以及阵阵颤抖。那一次次的涌浪拍击就如同狂舞的节拍，每一下都击中我的心房，带给我无限的悸动。随着时间的推移，当我手扶栏杆、脚踏虚步来到餐厅的时候，原本应该热闹的餐厅早已经失去了往日的喧嚣，取代谈笑风生的是一张张强忍呕吐、面色发白的脸庞。全船的寂静像是为了更真切地感受那“动人心弦”的声响。再往里走，虽然红旗示范岗的牌子依然被固定在墙上，然而原本整洁干净的厨房已经失去了往日的容颜，用于固定餐具、灶具的装置在一下下的撞击及左右摇摆中显得不堪一击，倒在地上的是半熟的米饭和没来得及下锅的备菜，中间还散落着七零八落的餐盘，这狼狈的场面带给我巨大冲击的同时也让我再次体会了海上天气的瞬息万变、风雨无常。

依然记得厨房曾经的井然有序、光洁透亮以及穿梭其中的大厨、二厨忙碌的身影，还有那飘香的饭菜，这本应令人垂涎欲滴的画面却被颠簸的航行无情破坏，在这种状况下即使再美味的佳肴放在面前也难以进食。透过舷窗向外远望，时而出现翻滚的海水，时而出现黑黑的云层，虽如儿时的万花筒，但带来的不是快乐，却是胃里的翻江倒海、头脑的阵阵晕眩。

豪迈

昨日的晴空万里与今时的风起云涌形成了鲜明对比，这或许正反映了我们测绘工作的实际情况：无论何时何地，总会有意想不到的困难。而我们能做的只有胆大心细、勇往直前。疾风劲浪不会让我们退步，艰苦环境亦不能使我们退缩，未知困难也不容我们有半分怯懦，就如同这“杯盘狼藉”的厨房，待风浪过后我们依旧会让她恢复昔日光彩照人的模样。因为我们是海测人，海测人就要用辛勤的汗水、劈波斩浪的勇气，去开辟一个又一个战场，迈过一座又一座岛礁，征服一片又一片浅滩。

但丁说过：“能够使我漂浮于人生的泥沼中而不致陷污的，是我的信心。”今日的海测经历了核编转制的洗礼，沐浴着“海事三化”的春风，或许在我们前方有无数的艰难险阻，但我们要有纵然是跋涉千山万水、踏尽坎坷旅途也一样去争取的态度，纵然面前是暴风骤雨、山洪猛虎降临也在所不辞的勇气。

人生中有很多难忘的画面，定格在你的心里挥之不去。当时间的冲刷让你渐渐淡忘的时候，一个不经意，又会让你想起。那时你会发现，那个画面，还是一样清晰，如昨天。

阴晴不定的海上

小年夜前的艰险登船

记录人：侯红彪
编　写：季凯敏

小年夜前任务来临

天色逐渐昏暗下来，寒风犀利地扫过海边的芦苇，呼呼地压得它们弯下了腰。

导航队的侯红彪和张良两位修理人员在横沙定位仪台上已经忙碌了大半天，他们解决了 HI-FIX/6 型定位系统的故障，准备坐下来休息一会儿。明天就是小年夜了，他们商量着明天回家后要准备年货了。

这时，高频电话中传来消息，正在长江口工作的测量船上定位接收机出了故障，无法正常工作。考虑到任务紧急，急需派人修理，两位修理人员得知消息后，立即与队部取得联系，主动请缨要求上船修理。

风大浪急如何登船

测量船顶着风浪朝着横沙东滩码头方向缓缓驶来。

两位修理人员一边对故障情况进行分析，一边披上军绿色的工作棉袄，抱着检测工具和相关备件跑到码头边上的旧房子，等待测量船的到来。

狂风嘶吼了一会儿，就看到船靠到了码头边上。两个人走到码头边上一看，倒吸了一口凉气。由于潮水的关系，船舷离开码头平台还有六七米落差，当时风大浪涌，只看见整个船体在水中剧烈地摇晃并不停地撞击着码头边沿。

怎么办？

是上还是不上？

怎么上?

两个人当时很迷惑，但转念一想，既然船已经来了，无论如何也要上，只有及时将设备故障解决了，才能保证测绘任务的顺利开展。于是一场惊险的登船行动开始了。

急中生智艰险登船

有人从船上拿出了一把梯子，几名船员扶着将梯子的一头架在码头边沿上。由于船在颠簸，梯子在空中不停地晃动，即便这样，梯子离开码头平台还有两米多，侯红彪和张良商量着就地取材，将码头上那间废弃房屋上的钢窗框子拆下来，吊在码头边上就差不多可以靠近梯子了。下面的船员们扔上来几根绳子，两位修理人员则用绳子将窗框吊在码头边上的带缆桩上，两个人对这根绳子检查了好几遍，就这样，一条勇敢者的道路架设好了。

风依旧在刮着，船还在颠簸个不停，两位勇士整理了一下行装，将工具和备件绑在身上，紧紧地抓住绳子爬到了窗框上。虽然天气很冷，但由于紧张手上仍然冒出了汗，当爬到窗框的最下面时，往下一看，梯子的顶端在脚下晃动不停，再往下就是摇摆的船身和波浪翻滚的江水，一旦失手，就可能危及生命。但都爬到这里了，已经没有退路了，只有向前。他们用脚踩在抖动的梯子上，将梯子顶到码头边沿上，沿着梯子困难地往下爬。每爬一格，梯子都发出“嘎嘎”的声响，增加了现场的紧张气氛。空气仿佛都凝固了，大家都屏住了呼吸，他们往下爬的每一步都牵动着每一个人的心。当两个人顺利登上测量船时，大家高兴地欢呼起来，都像中了500万元大奖似的。

经过认真仔细的检测，故障原因很快被查找了出来，设备又恢复了正常，大家都开心地笑了。

新的征途又要开始了，登陆的过程并不比登船容易，但是大家都充满了信心。在灯光的照明下，两位修理人员开始了“攀岩”。虽然风浪依旧，但修好设备后的喜悦心情激励着他们，大家架好了梯子，目送他们艰难地登上了码头。

在船上隔离的49天

记录人：严　明
编　写：钱锦超

2003年春天，隐匿而可怕的“非典”病毒先后“侵入”广东、北京等地，像一条隐形的毒蛇在人群中穿梭，并迅速蔓延至全国。面对这场突发公共卫生事件，“海测1005”轮的全体船员凭借顽强坚定的意志、锲而不舍的精神，书写了一个又一个海测人抗击非典的故事。

疫情蔓延船舶须隔离

2003年4月，偶尔从南方传来一些“非典”的消息，但感觉还是一个离我们很遥远的事。正常的工作和生活并没有受到影响，单位的各项外埠工地作业有条不紊地开展着。

4月5日上午，“呜……”随着一声嘹亮的汽笛声，“海测1005”轮缓缓离开复兴岛赶赴舟山群岛参加舟山序列图的测量。

随着“非典”疫情的迅速蔓延和扩散，关于疫情的消息越来越多。许多船员和测量员在电视新闻中看到小汤山定点医院七天建完；看到往日人山人海的北京站变得空空荡荡；看到平日车水马龙的长安街变得路广车稀。大家突然对这一未知的疫情显得有些恐慌，有些不知所措，特别是4月底单位做出决定，外埠船组在工程未结束前不能回上海，除必要的补给外，船员不准上岸，在船上进行自我隔离。大家突然意识到此次“非典”来势之猛，危害之烈，需要我们拿出百分百的决心来面对。

稳定情绪传播正能量

不准上岸，只能在船上隔离。这项措施让船员产生了很大的情绪波动，毕竟已经在外工作很长一段时间了。现在几十号人却只能待在这样一艘封闭的小船上。倒不是说在隔离期间寂寞无聊，主要是不能照顾远在上海的家属。有些船员担心起上海家属的出行安全，有的同志为特别时期没能尽到一个做父亲、做儿子的责任而自责，船上到处弥漫着一种低落难受的情绪。

看到这种现象，年轻的船长王建平和轮机长周银海意识到稳定好船员的情绪、做好心理疏导才是现阶段的关键。于是，在班组中及时组织学习抗击“非典”斗争中一线医务人员先进事迹，并以此为主题展开讨论活动；还不厌其烦地做好安抚工作，找船员谈心，让他们和家人通电话、报平安，统一思想，做好叮嘱。大家情绪逐渐稳定下来，又全身心投入到工作中了。

“非典”期间，船员们积极落实海测各项“非典”防范措施。大副严明亲自做好每日早晚 2 次的双氧水喷雾消毒工作，并对全船人员做好体温记录。

突发高烧党员勇争先

就这样，边干活边隔离，一个多月已经过去了。

5 月 9 日，船舶在虾峙门外进行测量作业。夜里，船上大厨突发高烧，剧烈咳嗽并伴有全身不适。因为平常都是大厨上岸为大家补给伙食，所以大家知道后都非常紧张。船长、大副和轮机长第一时间稳定船员情绪，要求大家不要紧张，不要随意走动，在自己房间休息，全船人员都佩戴起口罩以防交叉感染；并马上安排人员进行隔离消毒，立即向船队领导汇报。

考虑到晚上在岛礁区航行不安全，船长决定第二天一早靠定海航标码头。

第二天船舶刚一靠岸，共产党员周银海同志就主动要求送大厨到舟山市人民医院就诊。他说：“我是党员，我陪他去！”疾风知劲草，烈火见真金，在关键时刻，我们共产党员发挥了先锋模范作用。大厨经过拍片、验血等检查后排除了患有“非典”的可能。全船都为他松了口气，也让在上海心系一线的领导悬着的心放了下来。

春光明媚，百花盛开。5 月 23 日，“海测 1005”轮在完成了全部外业工作后返回了上海，在远离家庭、单位和领导的 49 天时间里，他们以实际行动为抗击“非典”作出了自己的贡献。

心中的水尺

讲述人：范新云
编　写：季凯敏

不经意间发现始建于1912年12月的黄浦公园水文站变革的照片，我突然感受到黄浦水文站不仅是发布黄浦江潮位信息的地方，更像挺立在江中的百岁水尺老人，经历着潮起潮落的时光拍打，伴随着海测水文工作者的一路艰辛。在沿海测区分布着众多的工程临时水文验潮点，为了获取某一海区的深度基准面的数据及基准面数据的引用，海测工作者在不同的偏远验潮点默默地像水尺般坚守在那里。

2006年福建“兴化湾、江阴港测量工程”开始首次基本测量，涉及海区很广，有16个验潮点参与同步验潮，压力式水位计第一次被广泛应用到同步验潮中，水位计数据漂移现象时常发生，数据的不稳定性对深度基准面的计算带来了困难。7月初我急赴测量基地，基地位于兴化湾伸入海区的石城镇，借驻在渔民家的一幢三层楼的底楼。此房很奇特，南面紧靠高起的公路，看上去像二层楼，北面抵临大海，看上去真的是三层楼。大家打通铺而卧，天很热，晚上伴着我小时候见过的筛稻谷大电扇发出的嗡嗡声音很晚才能睡着。我和杨顺德、孙柏举共同分析商讨自动水位计数据漂移现象，逐一比对同一验潮点人工验潮数据和水位计数据之间的线性关系，找出之间的变化规律。现场编制程序，对每个水位计验潮点每一天水位的漂移数据全部修正，及时把修正过的同步验潮数据传回水文队计算基面。3个星期后终于迎来了海测大队的最终验收。为了及时总结经验，推广水位计数据漂移的处理方法应用到其他测量工程，我特地写了《水尺与压力式水位计数据关系的算法研究》和《水尺与压

1912 年的黄浦公园水文站

1960 年的黄浦公园水文站

1981 年的黄浦公园水文站

1996 年的黄浦公园水文站

近年新修的黄浦公园水文站

力式水位计多次数据比对的综合计算》两篇论文发表在《海洋测绘》2006年第4期和《浙江水利科技》2007年第1期上。

2009年“围头湾”“围头港区附近”“石井至水头”港口航道图的测绘是我局首次基本网格化测量项目。由于测量区域往外大幅延伸，外海无固定的验潮点，需在金门岛附近的不同区域抛置自容式水位计。考虑到自容式水位计首次在重大测量工程应用，5月份我和李建雄、王慈樑携带875-A-PLUS　Releasesh释放器奔赴厦门测量基地，在工地举办自动化水位计安装及数据处理培训班，在现场演练了释放器的抛置及回收过程。工地现场各路人马群策群力修正整套设备的吊置方案，我专门绘制了自容式水位计支架与其他设备的连接示意图及编写吊置和回收的注意事项。考虑测区的特殊海况，租用厦门航标处中型航标船参与吊置设备。5月20日我和柯国雄、王超三人随航标船在测区的南锭岛外、金门南侧、南北屿外按计划成功抛设4个自容式水位计，其中南锭岛外抛设明暗标各一个，金门南侧为暗标，南北屿外为明标。暗标用钢丝连着装有水位计支架一起沉入海底的 Bethos 875-A-PUB 型释放器，明标为支架上系着漂在海面的一个橄榄浮，4个均用钢丝系着支架的铁锚先抛入海底。4个自容式水位计如同4根水尺淹没在水下默默地记录着水位的变化，水位计的成功抛设为厦门深水区域测量的开展奠定了基础。

2009年5月我到泉州的水头镇安平码头参与同步验潮。安平码头是我和王广磊负责晚上人工验潮的地方，码头旁又脏又臭，整个安平开发区居然找不到一家干净的饭馆，所有路摊都太脏了，往外找了许久才发现一家快餐店，算是解决了吃饭问题。每晚从住的小旅馆出发到验潮点步行大约25分钟。第一天没想到带驱蚊香，满身被蚊虫叮咬。最难克服的是下半夜的瞌睡劲。为防止海水落枯，在码头验潮点的不远处矗立着两根水尺，似在远望开发区灯火通明。借着码头装卸区微弱的灯光，王广磊手持电筒，斜照到我往下移动的卷尺上。幸巧没有下雨，就这样闻着水里泛起的恶臭味，在寂静夜晚的潮起潮落中完成了同步验潮工作。几天后，在围头湾码头见到了几乎不敢相认的陈文彬。他一脸黝黑，已经在码头上独自坚持了几个月的验潮工作，眼前湛蓝的海水和远处依稀可见的金门岛在他眼里已熟视无睹。在做工程后期的水准联测时，他那扶水准尺的样子，依然坚定挺拔。

2009年7月我们再去厦门同安湾执行16座桥涵标的灯高测量。当地室外温度超过40 ℃，同行的其他同志租借小船，趁着低潮艰难“匍匐”接近灯桩，两人接力把棱镜放置在灯心处。坚持了几天，我大概是中暑了，浑身发热乏力。看到张祥文队长双腿红肿还坚持在第一线，我到医院滴完盐水就继续随工程组来到了工地。张队长负责观测，我负责记录校核，同事们密切配合，终于完成了外业测量。晚上，我们从邻处两个已知的最低理论潮面与平均大潮面的关系推算出了此处的平均大潮面，资料成果第一时间交给了厦门航标处，为同安湾的顺利通航赢得了时间。

2010 年 9 月大丰港建设方兴未艾，按照《大丰港二期码头及航道、锚地多波束扫测》任务书的要求，大丰港一期、二期码头及海上定点验潮点需 72 小时同步验潮。我被分配在一期码头参与同步验潮，考虑到其他两位是老同志，我和石曾宇担任夜间人工验潮工作，他负责上半夜，我负责下半夜。大丰港的一期码头引桥约 7 千米，直接伸到茫茫大海中。晚上涨水时的水流很急，水位上升很快，为防止验潮时测量员出现安全意外，每次到点验潮时，须把绳子一头缠绕在码头护栏上，另一头系在身上，一手持手电筒，一手下放卷尺，卷尺的拖曳底端至水面时快速默记住时间和卷尺的刻标值。通宵的同步验潮工作相当辛苦，深夜孤单地坚守在码头边，与星空作伴，闻海浪拍岸，偶尔有船靠泊码头，心中就涌起一阵兴奋。有时深夜码头边过来了几个捕蟹者，还以为我是他们的同行。这样坚持了 4 个夜晚后，我们捧着整理过的同步验潮资料，疲惫地回到上海。一位参与大丰港同步验潮的年轻同志曾与我交谈，他感受到不分昼夜连续同步验潮工作的辛苦和孤单，与刚考取公职入单位时心中想象的工作环境差距较大，他的老家就在测区附近，但他不想回家探亲，因为不知如何向双亲描述自己的工作环境，我对此感触颇多。

2011 年我向海测大队党委提交了“关于加快离岸水文信息潮位站建设的建议”，引起了党政领导的高度重视，成立了“离岸水文信息采集系统研究”项目小组。该项目在上海海事局测绘处的牵头下组织调研，其方案通过了验收。离岸式水文遥测遥报系统是在远离海岸线和岛礁区域无法设置固定水文潮站的沿海或近海，通过抛设海洋浮标定点来观测水文数据信息，并实时地提供给海上测量作业现场或资料需求方的一种自动化验潮方式。截至 2020 年，上海海事测绘中心在江、浙、沪、闽沿海建设的长期水文站点数量已增加到68座，水文数据通过公用移动网络、北斗短报文等通信方式实时传输回海测中心的数据库，并可在“海洋水文信息系统”显示和调用。东海沿海水文骨干站网的建成，大大节省了水文观测的人力和工作量，提高了工作效率，为沿海港口航道测量、公用干线测量及深度基准面的平衡统一提供了有效的数据支撑，更在航运安全、防台防汛、港口航道建设等领域发挥了重要作用。

我心中的水尺仍在不断地延伸——上海海测水文工作者正以高度的自觉与自信，逐步把心中的水尺建设成服务地方经济发展和社会民生的一根标尺。

海事测绘初体验

记录人：刘　辉
编　写：钱锦超

2009 年，我通过了国家公务员考试，正式进入上海海事局海测大队工作，开始了我的测绘生涯。

纸上得来终觉浅

我告别了学生时代舒适而自由的生活，开启了忙碌而紧张的职业生涯；告别了同学间嬉笑打闹的青涩时光，开始了向前辈们学习职业规划和业务技能的日子。

纸上得来终觉浅，在工作了一段时间后，我深深地感觉到自己所学知识的不足，在实际运用中专业知识的匮乏。海事测绘是一个非常专业的技术工种，当“多波束”、“单波束”、“旁侧声呐”、“浅剖”等一系列的陌生名词出现在面前时，瞬间觉得在学校学到的理论知识完全不够用。

对一些工作感到无从下手，茫然不知所措，这让我最难过。在学校总以为自己学得不错，但接触到实际工作才发现自己知道甚少，才真正领悟到“学无止境”的含义。在单位领导的谆谆教导下，在部门师傅的认真传授下，我逐渐对仪器设备的型号、操作规程、软件的使用方法等熟悉了起来，并能够使用和操作了。

停杯投箸不能食

刚入职的新人需要经过一段时间的培训学习和实操锻炼。2009 年 10 月，我和测量队另一名同事一起去浙江舟山执行锚地扫测任务，在一条测量船上工作了七八天。

这是我平生以来第一次睡在船上。狭小的床铺，夜晚此起彼伏的呼噜声，晕船的感觉，这些都让我很不适应，一周的时间几乎没干什么事情，大部分时间都只是坐着和躺着，工作都是由其他同志完成的。当我晕船难受得只能躺在床上不能动弹的时候，看着他们一个个认真又忙碌的身影，我心想：这是什么样的动力或者信念支持着他们在这样的环境中如此敬业地工作？

绝知此事要躬行

半年后，我自己找到了答案。

2010年4月底，我们去做温州港多波束扫测及平阳港扫海工程。师傅分配我在测量船上和另一名同事一起进行多波束扫测，从此开始了长达两个月的船上生活。每天都是一样的程序，除了工作时盯着屏幕、做好标记外，就是吃饭、睡觉。刚开始觉得枯燥乏味，也觉得生活就像静止了一般，远离了繁华的世界。

直到工程推进到温州港内的时候，有一次无意间看到船长开船异常小心，不停地让助手报水深，我问他怎么了，船长说这里在海图上没有水深，不知道下面的情况，所以和知道水深的地方不一样，不敢大意。

这时我才发现我们已经到了航道边缘的外侧了。看着航道里大小船舶快速地行驶着，而我们却小心翼翼地前进，我这才明白了我们工作的意义所在。

我们辛苦工作换来的一张张海图，就是船长们的水下眼睛，有了它们船舶就能够安全地航行。这不正是中国海事“让航行更安全，让海洋更清洁”精神的践行吗？

为了这个目标，我们可以起早摸黑一天工作十几个小时，我们也可以克服恶劣环境坚持验潮，我们更可以连续几个月远离了家在外出差……

所有这些，都只为让那些比我们更辛苦的船员们能够平安地进出港口，只为国家航运交通能够更高效、更安全地运行。

这是一个面朝大海的地方

记录人：孙文斌
编　写：季凯敏

凌晨四点半，当这个城市还在熟睡时，泉州港工程驻地的窗前准时亮起了灯光，一阵匆忙的洗漱声后，我们匆匆地吃了桶泡面，便开始了一天紧张而忙碌的工作。

黎明里的责任

伴着黎明朦胧的夜色，车子缓缓地开动了，驱车数小时，只为赶在六点之前架好仪器，采集各个港口较早时间点的潮位，进行雷达与压力式水位仪的比对。

为了避开这个地方夏季的高温，接水准只能选在天刚蒙蒙亮的时候就开始。因为只有这样，才能在这近 40 ℃高温（地面温度达 50 ℃）的室外少晒几个小时。习惯了早起的我们，在太阳露出地平线之前就已经架好了仪器，忙碌起来。

初来实习的我，经过几天的学习，也渐渐融入这个小集体中。对我感触最深的是这个集体凝聚的团队精神和测绘人对职业道德的操守。每个队员兢兢业业，每一个数据，每一个工作细节，事无巨细，事必躬亲，不怕苦、也不怕烦，因为这每一组数据背后都关系着每一次航行的安全，每一个家庭的幸福。

在这个团队中我也感受到“责任”这两个字分量之重，这或许就是“天下大事必做于细”的缘由吧。

台风期的温暖

略显枯燥的工作从来不缺少温暖。

记得上一次台风袭来之际，党委书记盛云东驱车数百公里，顶着台风赶来泉州港工地看望我们。在听取了我们对泉州工程及时采取的抵御台风措施的汇报之后，他更是含蓼问疾，大到工程建设，小至队员基本生活状况，逐一听取了每一个人意见，事无巨细，无微不至。忙完这边，他又急切地赶往下一个工地去慰问。看着书记悉心的关怀和不辞劳苦的奔波，心中涌现出的是默默的感动，就像队伍中每一个师傅的悉心教导，都让我心怀感恩。

成长中的自己

这或许就是我踏入社会的第一步，庆幸的是我遇到身边这些可爱又可敬的人，他们教会我做事，也教会了我成长。

在这个陌生却又宁静的城市中，我想了好多，想到了未来，想到了奋斗，也想到了自己。初入社会来到这个城市的我或许平凡得让人看不到，但是不要紧，我看得见我自己，我真真切切地感受到这种成长的幸福感和努力学习带来的充实感。

我爱这里，爱这里的宁静给我思考的空间，也让我知道“奋斗”这两个字真正的含义。其实，“奋斗”就是每天踏踏实实地过日子，做好手里的每一件小事，不拖拉、不抱怨、不推卸、不偷懒，每天一点一滴地努力，这样才能汇集起千万的勇气，带着我坚持走下去。

我也相信，默默坚持终有一天会得到回报，这些回报不一定是物质上的，它将会是我受益终身的精神财富。这种坚持就像站立的梦想，孤独却不孤寂，荒凉却不荒芜。

在这里我收获了成长的温暖，在这里我看到了奋斗的自己。感谢泉州，感谢这片面朝大海的土地。

这里是面朝大海的地方，我期待着春暖花开的时刻。

一份没有发出去的“死亡”人员名单

记录人：钟洪基
编　写：季凯敏

决定起航

20世纪80年代初，我们测量队每年都要执行两次连云港港口航道的测量任务，一般是4月份和10月份各一次。这次是4月的某天下午，执行连云港测量任务的测量七组和“航测14号”船停靠在横沙岛码头。

据悉气象有变，在未来24小时内黄海和东海海域将有8级偏北大风，领导们对是否继续开往连云港的航程问题进行了讨论。已经在横沙岛码头上等了两天的测量员和船员心里都很着急，队里电话又一次次地催问，真是走也难，不走也难。正在犹豫不决之时，随船而来的测量队中一位领导说，大风估计要到明天上午才到，我们现在就开船，明天早晨就可以抢在大风前到达连云港了。

事情就这么定下来了。

进退两难

经过一阵忙碌，“航测14号”船解缆缓缓离开码头，开始了开往连云港的航程。船向东走了两个多小时，从佘山岛附近转弯北上，这时天色已晚，晚风迎头吹来掀起阵阵波涛，海况不是很好，如果及时掉头返回横沙岛码头还来得及。但一种急于赶到连云港的心情，一种已经开出这么远了、熬到天亮就到达连云港的侥幸心理，使船上的领导们还是下定了继续北上的决心。

然而，船越往北走，风浪越大，船摇晃得越来越厉害，有些船员因晕船而开始呕吐。当船行驶到吕泗海域时，预报的大风已提前到来，此时的风力已达 8 级以上。强劲的北风越刮越猛，船开始剧烈地摇摆起来，被迎面扑来的巨浪时而抛上波峰、时而跌入波谷。船上的瓶瓶罐罐都打翻在地，到处是乒乒乓乓的响声和揪人心肺的呕吐声。船舱里一片狼藉。

风力还在增大，波涛一浪接着一浪向船舶扑来，从驾驶台顶上翻过，打在船的后甲板上，发出声声巨响。因风和浪的阻力，船已无力前进了，更不能掉头，一旦掉头，船吃到横浪，就会立即翻船，全船数十条生命就可能葬送鱼腹。好在船长久经风浪又富有经验，

海上的风浪

面对这种进退两难、危在旦夕的险况，船长一面和轮机长商量，组织机舱人员确保船机的正常运转，并命令电报员发出“SOS”的求救信号，一面亲自在驾驶台指挥保持航向顶住风浪，保住船舶等待救援。

险象环生

就在“航测14号”全体船员和测量员与风浪搏斗的同时，航测处调度室里也是灯火通明。航测处领导和调度室的值班人员正在紧张地研究施救方案，并通过各种途径积极向各方有关部门请求救援。同时也做了最坏的打算——调出随船出航人员名单，也就是为此准备一份“死亡”人员名单，编制随船人员的家庭地址、家庭情况和通信联络办法，准备善后事宜了。幸好“航测14号”轮发出的求救信号被航经附近的货轮收到了，及时赶来救援。在两船无法靠拢拖带的情况下，货轮开到“航测14号”的上风头，为“航测14号”遮风挡浪，让“航测14号”得以调过头来，顺风顺水地安全返回横沙岛，避免了一场船毁人亡的恶性事故。

那份“死亡”人员名单虽然没有发出，但这次经历给我们的安全生产敲了一记响亮的警钟。

活着真好——车牛山岛雷暴历险记

记录人：张满龙
编　写：曹　源

时光似飞，岁月如梭，2010年，距我走出母校来到海测大队这个温暖的大家庭已四年有余。从青涩到成熟，从迷惘到笃定，从懵懂到稳重，从南到北几乎踏遍了整个所辖区域，当中有辛酸，有喜悦，有放弃，有收获。5月，我作为连云港测量工程组的一员，在前期的实地踏勘和辅助材料准备就绪后，工程组怀着“尺幅千里、追求卓越”的海测精神来到了冠有“年度之最”的连云港网格化测量项目的工地。

5月30日早上5点刚过，准时打开电脑查看气象：黄海南部多云，东南风5~6级，轻浪。这应该算得上是个好天气，适合作业。

按照计划，我们今天要去位于连云港外海的车牛山岛设立自动潮位站。一大早，工程总指挥吴长卿、技术负责人曹源、副组长马菊华还有水文队王慈樑我们一行五人，搭乘一艘租用的当地渔船，在一望无际的海面上破浪前行。周围有成群结队的海鸥相伴，一团一簇的鱼群在海中舞动，好像在列队欢迎我们的到来。我们却无心理会，个个紧绷神经，伴随着令人烦躁的马达声和涌浪带来的晕吐感，心里不断祈祷着能赶快到达车牛山岛，早点完成任务返回驻地。

经过几个小时的奋力前行，我们顺利抵达风景秀丽但小咬密布（小咬为当地一种会叮人吸血的昆虫）的车牛山岛。我们迅速将水位仪的探头、锌空电池组、仪器箱、发电机、电钻、水准仪等各种器材全部搬上岛，排放在踏勘时选定的位置。大家齐心协力，打钻、安装、加固……我们奋战3个多小时，完成了大部分工作，胜利在望。

当进入最后一个工序——加固验潮仪数据传输线的时候，忽然间乌云密布，白昼宛如黑夜，海水看上去蓝得发黑，头顶有雷电不时划破天空，响雷闷雷此起彼伏，使人胆战心惊。看样子是遇到雷暴了，在这样空旷的外海孤岛上，遇到雷暴是很危险的，仪器、船舶和人员都有可能遭遇重大损失。工程总指挥当机立断，立即命令正在岸边进行设站作业的小艇离开码头返回渔船，一边要求工程组立即收拾好测量仪器和工具，全部进入一处旧时的碉堡中躲雨避风。车牛山岛原是一处海防工事，从岸边到岛的顶部有100多米，岛顶有灯塔，也有避雨的地方，但是雷暴如此来势汹汹，如果现在往岛顶去的话，会更加危险。

此时风力明显增大，黄豆粒般大小的雨点毫不留情地砸向我们，打在脸上钻心地疼痛。但大家没有一个人退缩，而是迅速带着器材撤离现场，搬至那个碉堡内。由于地上湿滑，马菊华师傅在搬运设备时不小心摔倒在地，手掌擦掉了一层皮，裤子也磨破了，但他丝毫没有停顿，爬起来继续将仪器搬至碉堡内。见此场景，我们肃然起敬，大家更是分秒必争、争先恐后地抢搬仪器。此时狂风夹杂着

海水看上去蓝得发黑

海水依旧发狂似地呼啸，雨还在变本加厉地倾倒下来，海浪砸向岸边激起的浪花越过了碉堡，不时有海水从碉堡的“机枪眼”中涌入碉堡。但大家看着被我们抢搬回来的器材完好地躺在那里，心中稍微松了一口气。透过碉堡的“机枪眼”望出去，我们租用的那艘渔船正在布满白浪花的海中上下起伏，时而出现在波峰，时而又落到了波谷，过了一会，渔船不见了，大家都为这艘船的安危捏着一把汗。此时大家才忽然意识到浑身衣服已湿透，骤降的温度和从碉堡巷道里吹进来的风让人瑟瑟发抖，我们几个人围成一团取暖。两个老师傅拿出打火机，点了根香烟，既可以压惊，也可以带来一丝暖意。平时不抽烟的曹源也向老师傅要了一根抽了起来，似乎是为了平复那颗为渔船安危而悬着的心。这场突如其来的雷暴罕见地持续了近3个小时才渐渐减弱。风雨稍小，我们便立即走出碉堡，寻找消失的渔船，当大家看到渔船仍然安全地漂在海面上的时候，悬着的心总算着了地。

雨虽然停了，但海上的风浪依旧，返航是不现实的，我们只好到岛上向人求救。守护灯塔的好心夫妇帮助了我们。他们用收集来的有限的雨水煮开了给我们喝，还烧了一锅大白菜和米饭作为晚饭，这个平时普普通通甚至有人不爱吃的白菜，现在对我们来说是绝对的美味佳肴，好吃至极。到了晚上，灯塔夫妇安排我们在他们的仓库房间里将就一晚。我们拖着被雨水、海水、汗水蹂躏过的身子，躺在只有木板的床上，盖着发霉的被子，那种感觉常人大概是无法想象的。但是想到船舶、仪器、人员都平安无事，心里还是感到了一些安慰。饶是如此，这一夜我们几乎没人能够睡着。

第二天早上天刚蒙蒙亮，我们饿着肚子，拖着疲惫不堪的身体兵分两路，一路人马进行自动水位仪的高潮比对，另一路人马再次加固潮位仪数据线以及仪器箱。完成后，带着抢搬回来的辅助器材，登船返航。这一回老天给我们开的玩笑可真不小，回到驻地依然觉得像在梦里一样，真可谓领略到了“天有不测风云，人有旦夕祸福”

的含义。

风雨过后虽然未见彩虹，但我们却更懂得了生命的珍贵，认清了外业测量潜在的风险，积累了安全生产的应变技能。有个感受将是我们终生难忘的——活着真好。

愿以丹心绘通途

编　写：秦　政

2019 年时至年末，上海海事测绘中心湄洲湾工程项目部正在紧张有序地忙碌着。

拂开一张泛着油墨气息的崭新海图，在曲曲折折的线条勾勒下，湄洲湾似一颗明珠，镶嵌在祖国的东南方。“海天东望夕茫茫，山势川形阔复长”，这里海阔水深、岸线绵长，是“中国少有，世界不多”的多泊位天然深水良港。

千里海域，茫茫大海的水下地形、岛屿、礁石等，都在一张海图里尽收眼底，这张海图也见证着湄洲湾从一个贫穷落后的小渔港到国家重点发展的四大深水中转港之一的嬗变。而在这“沧海桑田”的背后，是一群平凡的海事测绘工作者坚守使命初心的接力奉献，他们的故事，一样精彩。

与时间、气候的博弈

天气转冷，随着《东吴港区》《湄洲湾》《秀屿港区》《南日岛及附近》《斗尾港区》《大港至盘屿》等六幅海图外业测量工作正式结束，项目部转入了数据处理环节，为标准海图的生成提供基础数据支撑。

“失之毫厘，谬以千里”，这个成语历来被测量员奉为圭臬。测绘工作中的毫厘之差，会导致海图产品的谬误，给社会带来重大损失。从接到任务以来，顾锋的心里一直沉甸甸的。

按照工程进度，项目部 7 人要在 9 月份结束所有的外业测量，六幅海图中《东吴港区》《秀屿港区》《斗尾港区》为 1∶15 000 图幅，另外三幅为 1∶35 000 图幅。然而福建沿海水域气候变化多端，给扫测工程平添诸多“拦路虎”。

进入夏季后，福建迎来多场暴雨、台风，强对流天气下，海上风力可达8级以上。一方面，测量工期不容耽误，另一方面，测量船抗风等级有限，且大风浪天气也不符合测绘作业要求，有效作业时间难以把控。

如何保证工程进度呢？攻坚克难，顺应自然，测量员们选择了这样的解答方式。在湄洲湾项目基地，每天收看气象预报、结合水位变化特征安排第二天的工作，已经成为顾锋的“固定课表”。在组里其他人看来，这位晒得黑黑的“顾总”俨然成为了半个气象专家，颇有一些“夜观天象”的独到经验。

测量员钱映宇参加工作时间不久，在他看来，测量工作很多情况下是在和天气“打游击”。风平浪静的日子可以“晨兴扫测去，戴月驾船归”，一旦狂风暴雨来临，顾锋就会要求他们“化整为零、见缝插针”，条件允许就测，条件不允许就撤，在保证安全作业的前提下与时间赛跑，与气候博弈。

今年项目部测量的六幅海图都是在之前版本上进行的复测，看似有基础资料可供查阅，但上海海事测绘中心的质量把控也更加严格。为提升测量精准度，项目部不仅采用灵活的作业模式，更在技术手段上不断创新。扫测工作常被形象地称为“水下CT”，测量船在测区来回穿梭一轮至少要花费数小时，一旦某一环节数据出错，将给之后的测量进度和数据处理带来很大麻烦。而对于一项长达数月的测量工作来说，水准测量，水位观测，单波束、多波束测深，GPS定位等环节出现意料之外的“小毛病”，又是难以避免的。

对于技术负责人牛耀山来说，除了提醒每一位测量员在操作过程中严格恪守作业规范之外，处理各类“疑难杂症”也是他的日常工作之一。湄洲湾湿热多雨，一些需要露天放置的仪器端口常经风吹雨淋、虫蚀鼠咬，牛耀山就申请了备用连接线，经常利用作业间隙逐一排查换新。部分深入海里的管线常被海浪冲开，日常工作中，测量员们还要备着螺丝刀、钉子等小工具，及时把冲走的管线重新固定。

有段时间，GPS 无法准确定位轨迹漂移的问题一直困扰着项目部。由于定位不准，测量员在后续数据处理时就要花费大量时间把数据错误一个一个找出来。为了解决问题，牛耀山把情况报给了上海海事测绘中心测量队。中心领导非常重视，指导队里组织技术能手编写了一款 RawEditor 软件，可以自动从大量数据里定位到出错的字符串，大大提高了数据处理效率。正是在测量工作实践中不断试验出的新方法、新模式，才能为及时优质完成测绘工程项目打下扎实基础。

在风吹、日晒中的坚守

8 月的清晨，湄洲湾海面波光粼粼、鱼跃鸟翔，此时正是一年中最热的暑季。

沿着迂回曲折的山路到达水深作业点，需要花费近 1 小时的时间，初次驾车行驶在蜿蜒的盘山路上，山崖下翻卷的海浪让人心惊肉跳，不过正在开车的郑骏强已经习惯了，他一边熟练地打方向盘、转向，一边介绍道："海边的天气'喜怒无常'，为了赶时间，测量员经常天不亮就出发，只要气候满足条件，在海边一待就是一整天。"

测量水深需要两人合作，其中一人手握对中杆，测量时要始终保持杆中的气泡居中，扶杆时间久了，手就会止不住颤抖。临近正午，日光更加暴烈，枯燥而重复的动作考验着郑骏强和他的搭档牛耀山的耐心。在这种远离人烟的地方，唯一的乐趣是看看卷来荡去的潮水，而箱子里晒得发热的矿泉水则成了仅有的降温方式。

长期的作业让郑骏强的皮肤被晒成了黝黑色，一撸起袖子，手臂肘关节上下两个部分黑白分明。海边日光毒，即使穿上长袖作训服，不少测量员的脸和胳膊还是被严重晒伤。郑骏强开玩笑道："洗澡的时候千万别用热水和毛巾，否则一层皮立刻脱下来，奇痛奇痒。呵呵，别问我怎么知道的。"

相比之下，在装有空调的船舱里作业，钱映宇、张鑫等人的工作条件似乎优越了很多。

不过船上是一个时刻摇晃的世界，待得久了，重力、平衡感都会出现错乱。长期出海的人都有一句话：“宁可晕车，不想晕船。”钱映宇至今还记得初次上船时被大风浪颠簸到呕吐的情形。船行海中，绝不可能像汽车一样可以随时停靠路边，船上的队员们只能强忍着胃里的翻江倒海到甲板上吹吹风。

夏天的测量船甲板温度时常超过 60 ℃，这种时候需要忍受晕船和高温炙烤的双重不适。每当海况不好时，一些测量员就主动减少了肉食的摄入，“怕一旦晕船吐起来，味道太难闻”。

温暖又歉疚的牵挂

入夜时分，项目部基地所在的泉港区静谧安详，家家户户的小窗透射出温暖的橘光。负责内业处理的蔡长魁正摆弄着一个小小的单反相机，为基地的“职工家园”文化墙拍照。

内业处理人员往往没有固定的上下班概念，只要有需要，即使是夜里也要爬起来传输数据。“这个单反相机是我媳妇送我的七夕礼物。”

说到妻子，蔡长魁隐隐露出甜蜜的微笑，言辞中又流露出愧疚。他们上次见面还是几个月前，平时操持家务、照顾老人的重担都落到了妻子肩上，他只有通过视频电话才能了解一点家庭近况。想起这些，这个平时风趣爱笑的汉子变得有些沉默。不过他很快又笑道：“跟我这些年，她已经习惯了。基地其他人也是一样。”谈到家人，项目部每一名成员都有很多心里话。

牛耀山的孩子面临升学，平时这位父亲只能远程监督孩子的学业，为孩子一点一滴的进步感到欣慰；婚期将近的顾佳杰，新房装修的事宜都是父母和女友在忙碌；年轻憨厚的钱映宇，经常被亲朋调侃啥时候可以带个女朋友回来……

不忘初心，方得始终。正如总指挥顾锋所说，既然选择了海事测绘工作，就选择了责任和奉献。2019 年正值新中国成立 70 周年，他们在尺幅千里间砥砺前行，精心测绘着一幅幅优质海图，将一片丹心化为风正扬帆的万里通途，这就是为新中国庆生最质朴、最真挚的礼物。

第四篇 价值淬炼

几十年来，独具特色的上海海测文化伴随着海洋测绘事业而发展、繁荣。经过历史积淀和精心培育，文化之树抽枝发芽、日益繁茂，形成了上海海事测绘核心价值体系，树立了“探海先锋”文化品牌，诞生了吉祥物“海海”系列文创……海测文化犹如绵绵细雨，于无声处浸润心灵；又如一座灯塔，默默照亮海测人的精神家园。

海测文化犹如绵绵细雨，于无声处浸润心灵；又如一座灯塔，默默照亮海测人的精神家园

我们的名字叫“探海先锋”

编　写：秦　政

走进“江之畔”职工之家，映入眼帘的是一只神采飞扬的小海豚，以竖起的大拇指欢迎来客。几张圆桌整齐摆放着，上面放置有“探海先锋”面纸盒。右手边，一只“海巡 166”船模静静立于咖啡桌上，反射着窗外江水的粼粼波光。钥匙扣、鼠标垫、胸牌、U 盘……第一次来到这里的人，会以为误入了文创产品商店。而这些，只不过是上海海事测绘中心“探海先锋”文化品牌建设结出的硕果之一。

为有源头活水来

“说起‘探海先锋’文化品牌的建立，那话就长了。”数据信

吉祥物“海海”及其文创作品

息中心主任侯红彪往茶杯里添了一些热水，茶叶翻滚带来的氤氲水汽中，他的思绪逐渐飘远。

20 世纪 90 年代，侯红彪还是个朝气蓬勃的小伙子，初来海测大队报到，对一切充满了新鲜感。“那时候大家都穷，测量任务也繁重，整天忙完了倒头就睡，根本没太有文化建设这个意识。”财力物力的限制，让“文化品牌”像那个时代的“大哥大”一样，属于奢侈品的范畴。只有一些原始的文化“碎片”零星散落于海测历史和扫测工作中，似未经编撰的民谣。

情况在进入21世纪后发生了变化。21世纪被称为“海洋的世纪”，伴随着我国海洋事业的快速发展，海测也驶入了发展“快车道”。一方面是蒸蒸日上的海事测绘事业，另一方面，海测人也在迫切期盼着有一个更统一、完整的文化标志，能够对内凝心聚力、对外打造一张闪亮的海测“名片”。

心之所盼，必有回响。2005 年在侯红彪的心里是一个重要的转折点。这一年，他和当时政工科的同事历时几个月，在广泛征求职工意见、整合行业特点的基础上，摸索建立起海测核心价值体系的雏形。

“尺幅千里、追求卓越”的海测精神诞生了。

“航路先锋、探海致真”的海测形象诞生了。

“严谨、坚韧、务实、奉献”的海测价值观诞生了……

“这些话构成了我们今天海测核心价值体系的支柱，无论新老职工都耳熟能详。不过当年总结这些内容，可把我为难得厉害！”侯红彪现在回想起在笔记本上反复斟酌字词、一遍遍划掉修改的经历仍充满感慨。

他摩挲着茶杯说道：“把每个人心中模模糊糊的想法落实在笔端，既要精炼又要深刻，太难了。”

筑牢地基建广厦。跨越几十年的光阴往回看，侯红彪显得神往而欣慰：“事物的发展总是需要一个萌发点的，就像江河的源头、泉水的泉眼。那之后，我们的文化品牌迎来了自己的春天。”

百舸争流千帆竞

“我觉得‘探海先锋’这四个字能够很好地体现我们单位的特色。”测量队副队长季凯敏解释道，“‘探海’与我们职业的性质息息相关，就是探明水下的未知。‘先锋’则体现着我们海测人敢为人先、勇立潮头的工作状态。”

这个名字，最初是涵盖在“五大先锋”创建行动中的。季凯敏记得那是在2012年，当时上海海事测绘中心掀起了精神文化建设的新一轮高潮，各部门都摩拳擦掌，对未来发展提出了新的目标和愿景。“机关是‘服务先锋’，后勤部门是‘保障先锋’，船舶管理中心是‘航行先锋’，测量队是‘探海先锋’，数据信息中心是‘科技先锋’。后来我们觉得‘探海先锋’这个名字内涵丰富，也很响亮，就正式将其确定为文化品牌的统一名称了。”

一簇簇细流汩汩而出，渐成奔涌的浪潮。“海事测绘文化周”活动连年举办，诗词歌咏、文体竞赛、扶贫志愿、科技创新……一项项精彩的活动见证着海测人身处转型发展中奋楫争先的精神品质；第一期新版《海测报》编撰完成，泛着油墨香的报纸在职工手中竞相传阅；“海巡166”轮作为旗舰，办起了海上“文化沙龙”；“文化长廊”刊载着宣传标语、照片悄然出现在办公楼；在福建、浙江、江苏的工程项目部，外埠职工把“文化家园”展板悬挂在墙上……

“那个时候文化软实力的概念还没有普及，我们心里也是有忐忑的。毕竟我们是一个偏技术型的单位，担心职工们会觉得搞文化建设‘不务正业’。”

然而职工们的积极参与是最好的支持。“大多数的活动都能够做到覆盖全体职工，大家也觉得有了这些文化活动，在精神上是很好的调剂，工作起来更有干劲了。”季凯敏笑道。

姹紫嫣红满园春

时间的指针指向了2018年。这一年的年初，“桑吉”轮在东海发生碰撞后爆炸而后沉没的事故，这起重大事故引起了国内外的广泛关注。

“‘海巡 166’轮奉命参与应急扫测，海测人戴着防毒面罩，冒着生命危险带回了‘桑吉’轮海底扫描图。我们觉得这其中蕴含的海测精神值得赞颂。”团委书记胡言曌（曾任党工部宣传干事）说道。编写脚本、拍摄素材、剪辑配音……整个过程一气呵成。“故事真实的力量最能打动人，不需要过多的修饰。”

《定位“桑吉”轮》宣传视频问世之后，反响热烈。之后胡言曌等人又趁热打铁，《“中艺泽泰”轮落水集装箱扫测记》《探海先锋》《探海先锋动漫宣传片》等一系列宣传视频陆续制作完成，成为上海海事测绘中心对外展示的窗口。

“我们要打造系列文化产品，不断丰富海测文化的内涵。”党委书记刘谨一直致力于扩大“探海先锋”文化品牌的影响力，使之走出复兴岛测绘大院、走向更广阔的天地。

2019 年 5 月 30 日，改编自上海港集装箱落水应急扫测事件的情景剧——《爱，跨越 37 个落水集装箱的距离》在交通运输部党校精彩上演，500多名交通运输系统的干部职工观看了演出。演出后，《中国交通报》头版刊登了节目演出剧照，“探海先锋”作为文化品牌，逐步走进了公众的视野。

与此同时，“探海先锋 · 一线故事”专栏在《中国水运报》开栏，由职工亲笔撰写的一线海测故事，给行业媒体吹来一股清新质朴的“海测风”。而对于海测人来说，“探海先锋”主题鼠标垫、钥匙扣、胸牌、U 盘以及笔记本、船模等文创产品，让他们感受到海测文化强大的吸引力——“海测文化是有独特魅力的，我们用着这些文化产品，心里会觉得有一种荣誉感和幸福感”。

如今“探海先锋”文化品牌正如一座灯塔，照耀着海测人的精神家园。一项项文化建设举措、一件件文创产品、一篇篇宣传报道……宛若奔涌的浪花，正以一往无前的力量，奔向大海、逐梦深蓝。

雨夜购“年货”

编 写：秦 政

“你为什么感动？又为什么彻夜难眠？”

除夕前，远方传来揪心的消息，新冠肺炎疫情肆虐，武汉因此封城。原本熙攘的街道变得寂静无声，疫情，不仅封禁了道路，更封印了这个春节的欢笑与嬉闹。十几例、一百例、几千例……不断跳跃的鲜红数字撕扯着人们的神经。生死、苦难无差别地散播在人间，与我们猝不及防地相逢。面对病毒肆虐，战“疫”开始，海测人演绎出一幕幕感人的抗“疫”故事。

海测中心领导看望复岗职工

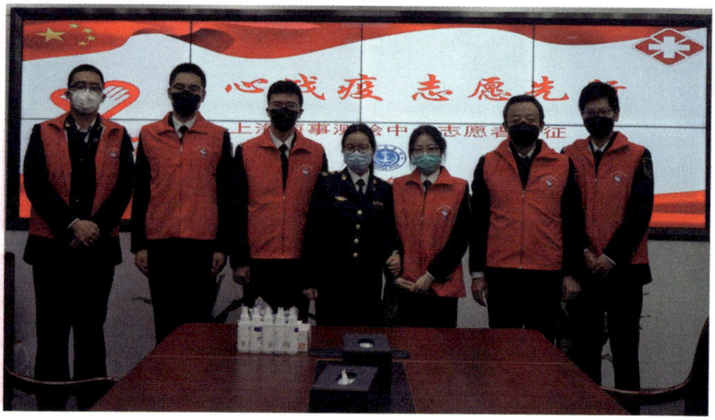

海测中心的“战疫”志愿者

雨夜出发的采购

大年初一，申城阴雨连绵，更添湿冷。寒风料峭侵人肌骨，春天，像是还很远。“防护用品抓紧订购，今晚就开始订，多个渠道订！”海测党政联席微信群“叮叮”响个不停，史晓平主任接二连三地发出指令。

此时全国确诊人数已达 1 287 例，死亡 41 例。疫情、封城、物资、传闻、澄清……五花八门的讨论在网络上热火朝天，口罩、酒精、消毒液成了最紧俏的“年货”。

守护海测 300 多名职工的生命健康，是一份沉重的责任。交通运输部和东海航海保障中心先后召开会议，对疫情防控进行再部署、再动员。上海海事测绘中心党政领导紧急召开线上视频会，商讨应对措施。“防控就是责任，生命健康高于一切，必须加强组织领导，强化群防群控。”刘谨书记和史晓平主任担任了疫情防控工作领导小组组长，办公室（人教科）、党工部、测量队、船管中心、数据信息中心各自落实责任，一张紧密的防疫网迅速铺开。

“收到！这就开始采购一次性口罩、消毒液等物资，保证按时送到职工手中！”办公室（人教科）主任汤文钰在微信群里作出承诺。接到任务后，王大海、巢俊、陈忠翻开通信簿，一家家拨打合格供应商的电话：“你们那还有口罩、消毒液吗？卖给我们一些……”虽然部分供应商手头有货，可以在几天后提供送货服务，但巢俊左想右想还是不放心——几天时间，万一出现变故，物资被“截和”了怎么办？他把担忧跟王大海、陈忠说了，三人一商量：“我们跑一趟吧，把口罩运回来！”。

夜晚 7 点半，橙黄的路灯亮起，在雨水中交织成迷离的光晕。司机褚黎明一脚油门，货车驶入层层雨幕。

“供货商也很吃惊，他没想到我们大晚上就跑来了。”几百盒口罩，还有洗手液、酒精、一次性餐具静静码在仓库，巢俊等人搬了好几趟，竟在寒凉的夜色里出了一身汗。一辆车塞得满满当当，像载满宝藏的夜船，驶入港湾。来回一两百公里的路，时钟悄然指向 10 点半。“东西到手了，心才踏实。”

这样的采购又发生了几次，5 000 只口罩、500 瓶洗手液、酒精、消毒液、一次性餐具以及体温计等防疫用品，就被“蚂蚁搬家”似地运回，几天后，出现在职工的办公桌上。

公共场所零死角

清晨，食堂的蒸笼开始冒出袅袅热气，白软的包子马上就要出笼了。但与以往不同的是，香气中还混合着浓郁的消毒水气味。“角角落落都要照顾到，别漏了死角。”食堂管理员朱伟一边打开通风，一边叮嘱道。

随着上海本地职工陆续到岗，食堂这个关键场所压力倍增。从源头食材筛查、送菜车辆消毒到食堂卫生保障，那段时间，朱伟天天在食堂“驻扎”。按照上海海事测绘中心要求，食堂采取分餐措施。在职工到来之前，食堂师傅就把包子、鸡蛋、豆浆装在食品袋里，让每位职工 1 分钟内取走。

“要坚决守好进入大院的第一道关！”综合保障组负责人魏学

智尽管总让职工们少出门走动，他自己却是每天起个大早，把口罩的缝隙按紧，赶在职工到来前站在人来人往的门口。36.5 ℃、37.1 ℃、36.9 ℃……体温计“滴滴”的声音带来安全与安心。他又带着一箱箱泡面、饼干、消毒液来到外地职工的宿舍区，把单位的慰问交到职工手中，让他们安心居家隔离。

办公区的每一个角落都被后勤人员喷上了消毒水，在反复洗手、喷洒酒精的过程中，一双双手变得干裂起皮。“怎么涂油都没用，过不了几个小时又洗掉了。”

几张表格摊开在汤文钰的桌上，被他用不同颜色做了标注。在基本不见面的办公中，汤文钰担起了上传下达的任务。他每天统计职工身体状况等动态信息，为领导决策部署提供依据，并按时向东海航海保障中心值班室报告，向各部门传达测绘中心疫情防控领导小组的决策。滞留在湖北的职工被同样牵挂着。财务科的牟汇丰家在湖北恩施，她收到辗转送来的零食大礼包和防疫物资，还有中心领导的慰问信息：“希望疫情早日过去，让我能重回复兴岛，看看大院里的花开！”

踏浪重启生产键

“值班人员要增强防范意识，身体状况及时上报。同时要加强对水文站的巡视，一定要确保水文工作平稳有序。”2 月 7 日下午，党委刘谨书记一行来到黄浦公园水文站，检查疫情防控工作。疫情期间，保障辖区重要航路安全畅通和服务国家重大港航工程建设时刻不能放松。

“那么多船员、测量员挤在船上狭小的空间，还是挺危险的。”船舶管理中心孙利明、严明两位职工，放弃了照顾家人，把消毒工作落实到每一条海测船，并特别提醒每一条船一定要做好通风，船员平时要尽量保持距离，非轮班时不要离开船舱。这期间“神洲 19”轮、“浙普渔 23911”轮却相继出现故障，他们不眠不休，调度船舶、联系船员、传递信息，指挥海巡船迎“疫”而上，在短期内快速完成沉没船舶扫测任务。

位卑未敢忘忧国。连云港三十万吨级深水航道二期工程、长江口南槽航道水深测量、洋山深水港区四期工程泊位测量……一项项重大任务还在前方召唤。测量队组织未离沪人员快速集结，依次测量过体温后，由党员带头组建临时项目小组，王宝文同志勇挑重担，担任组长。“全体人员戴好口罩，准备出发！”2月10日，洁白的海测船载着勇士们驶向碧蓝大海，开启新年测绘工作的序幕。

后记：这是一场前所未有的“战疫”中的小故事。滴水折射阳光，海测职工用自己的方式参与到这场英勇的战役中，与万众一心的抗“疫”洪流浑然一体。待胜利的春风吹遍大江南北，留给人们去铭记、追忆。

陆上航行千里的测量船

编 写：秦 政 扶 倩

帆悬于风、舟行于水，然而却有这样一艘“船”，无风帆自悬，无水舟亦行，从上海一路北上行至河北廊坊部党校，在交通运输部党校的舞台上扬帆起航，以名为《爱，跨越 37 个落水集装箱的距离》的情景剧，为全国各地的交通人带来了一段曲折动人的海测故事……

出击！“明星”改造企划

2019 年 5 月 10 日，来自上海海事测绘中心和上海海图中心的十余人临时组建成了一个情景剧团队，他们将代表东海航海保障中

演出情景剧

心在交通运输部党校组织的“行业精神进党校干部学院”活动中演出情景剧《爱，跨越 37 个落水集装箱的距离》。

“这个情景剧说熟悉也熟悉，说陌生也陌生。”上海海事测绘中心团支部书记胡言罂说道，“熟悉是因为我们早在 2017 年就排演过，陌生是由于时间紧迫，而且这一次我们的整个剧组人员都换了，除了男主角徐东成和男二号徐健恒，其他演员都是新人，压力还是很大的。”

从 5 月 10 日下午的初次碰面，到 5 月 30 日正式演出，短短 20 天时间里，要将这一群此前还没有过表演经验的“素人”打磨成能站在聚光灯中心的舞台“明星”，于是，一个从内到外、从头到脚的“明星”改造企划正式铺开。

改造最大的难点无疑就是两位女主演，饰演女主角的扶倩和饰演女二号的邵宇此前毫无舞台表演经验，两位的互动却又是全剧台词最多、时间最长的部分。

“说实话我是真没底，看了剧本以后更是心里打鼓。”扶倩谈起当时的心情有些感慨万千。她生活中是个性格活泼、有些大大咧咧的“女汉子”，然而女主角却是沉稳温柔的“大家闺秀”，如何诠释好这样一个和自己本身性格截然不同的角色，于她而言是一个巨大的难题；与此同时，邵宇也面临着类似的困境，她饰演的女二号是个一惊一乍的搞笑“谐星”，对于爱美的她来说，要丢掉偶像包袱去“扮丑”也是一个挑战。

“但是都走到这了，那就上呗，不能辜负大家的信任啊。”这不仅是扶倩的想法，也是剧组所有人的想法。毫不熟悉的剧本，完全陌生的领域，没有吓退这群年轻人，他们的目标很明确——既然要做，那就做到最好！

零表演经验没关系，他们请来了来自上海戏剧学院的专业指导老师，从台词到肢体语言，一点点地细抠细磨；剧本不熟悉没关系，吃饭看、休息看、睡觉看，看到梦里都在念台词，彩排的时候便能倒背如流；性格不同没关系，扶倩散下了长发、穿起了裙子，时刻提醒自己要端庄优雅，邵宇买来沙滩裙和惨叫鸡，没事的时候就在旁边手舞足蹈地练习台词和夸张的肢体动作，强迫自己“毫无形象”。

男主角徐东成和男二号徐健恒曾经在2017年参与过这部情景剧的排演，尽管是“老戏骨”也没闲着，没事的时候就拿着剧本研究哪一句台词表达起来会更加自然，哪一幕场景应该如何走位、如何表达才能将情绪传达得更充沛、更到位。

“你们的剧已经很成熟了，接下来已经不需要我了。”表演指导唐老师在最后一节课上这样和所有人道别。即便是在专业人士唐老师的眼中，这群初见面时还什么都不懂的“菜鸟”，在经受了高强度的魔鬼训练后，此时也终于成为了有资格站在舞台中央的“大明星”，完成了华丽蜕变。

然而就在所有人都以为他们已经解决了本次航行旅程最大的难题之时，却不知道一个更严峻的挑战悄然而至……

紧急！“马达”停转事件

在这场情景剧中，男主角所乘坐的“测量船”道具是由两片三合板拼接出一个开放式的驾驶舱，前面组装上轮盘、座椅、海事徽章等配件，底下搭配着四个万向轮。在登场时，由两个工作人员藏在一片三合板后面，推动着“海巡1668”轮前进。

这项工作听起来简单，做起来难。“测量船”自重就有几十斤，上面还坐着的四名测量员，体重加起来有五百多斤，而万向轮的前进方向又经常不受把控，不仅需要大力气，更是需要找到精准施力方向才能在舞台上完成转向、停车等操作。

这两名负责开动“测量船”的“船员”张驰和王柄权最喜欢做的事情就是让演员们坐在船上休息，他们推着船走来走去熟悉手感，以确保这艘船能在舞台上顺利航行。

然而变故突生，在一次彩排的时候，“测量船”的三合板忽然整个断裂。

船，坏了。

尽管剧组第一时间联系了北京厂家连夜定做新船，但张驰和王柄权依旧忧心忡忡：新船的重量、万向轮的位置与他们所熟悉的旧船一定有着很大的差别，那么又要重新适应，等于说他们这十几天的练习全部白费。

事实不仅印证了他们的担忧，而且比猜测中更加艰难；不同于排练室的粗糙水泥地，光滑的舞台地板让测量船的行进方向更加不可掌控。

这趟航行似乎就此被宣告了终结。

“你们继续排练你们的，这里我们来搞定。”为了不影响大家的情绪，两名“船员”丝毫没有表现出忐忑，而是自信地安慰大家。由于每个节目的彩排时间有限，他们便每次都要等到最后，等到所有人都离开去吃饭或者休息时，他们就在舞台上推动着测量船一次又一次地转向、倒车、前进，熟悉着开船的手感，一次又一次地枯燥练习，练到手掌都快被磨破皮，终于换来了“海巡 1668”轮在舞台上的惊艳亮相。

掌声！首航惊艳全场

5 月 31 日，《中国交通报》头版位置报道了这一场“行业精神进党校”的汇报演出活动，而我们的剧照便作为代表照片出现：四名测量员目光坚毅地望向前方，聚光灯打在他们脸上，身上的海事徽章熠熠生辉。

5 月 30 日下午，一长串汽笛声响之后，帷幕拉开，这一出筹备了半个多月的《爱，跨越 37 个落水集装箱的距离》情景剧终于在部党校的舞台上和全国各地的交通人见面了。

十多分钟的表演，全场几乎鸦雀无声，当最后一束追光灯打下，舞台上风浪平息，表演结束，报告厅里才传来一阵又一阵的掌声。

跌宕起伏的剧情、细致生动的表演、精致优秀的舞美……这一出在最开始让所有人都心里没底的情景剧，却在表演当晚成为了热议度最高的一出节目，航保事业的苦与甜、牺牲与获得在这一出戏里被讲述得婉转动人。

当探海先锋的号角再次吹响，当结束的字幕滚动在屏幕上，台下观众海浪一样热烈的掌声便是对这出戏最好的评价。在那一刻，张驰和王柄权擦破的手掌、扶倩被高跟鞋磨破的脚后跟、徐东成和其他三名测量员在空调房里不断流下的汗水、邵宇和徐健恒迟迟未能平复的心跳……这些好像都变得无足轻重，观众的认可让一切都变得值得。

海测事业数年的栉风沐雨、砥砺前行也是如此。一场情景剧十余分钟，折射的却是海测人的十余年，所有的苦累在航海安全的面前都不值一提，所有的牺牲换得了人民群众的满意便是值得。

经年风雨无需数，肩担初心复前行，今后，海测人将继续风采依旧、绽放锋芒。

如果温暖有颜色

编 写：秦 政

冬末春初，乍暖还寒。新冠肺炎疫情来势汹汹，一时间人们闻"咳"色变。这时，一个个"红马甲"却坚定地走上街头，用年轻的身躯为寒风中的城市带来温暖的火焰。每个"红马甲"的胸口都印有一个海豚标志，他们，来自"探海先锋"志愿服务队。

请您把口罩戴好

"请您把口罩戴好。"柯贤顺在回忆那几天的志愿经历时，脱口而出这句熟悉的话。福建籍的他平时性格温和，口音带着岭南人特有的软糯。"我去之前就在想，如果居民没有戴好口罩，我会不会不好意思提醒他。"可是身上的"探海先锋"红马甲似乎蕴含了

疫情期间的志愿者

一份责任与力量。当柯贤顺作为一名志愿者站在定海路菜市场入口时，他突然变得不再羞怯。

柯贤顺和其他 17 名志愿者工作的场所位于杨浦区定海路和平凉路交叉口，这个交叉口是定港居民区各点位人流最多、密集度最大、值守难度最高的点位。尤其是早高峰时段，测温、询问、登记“三部曲”让志愿者们忙个不停。

“每次看到拎着行李箱的人，神经就一下绷起来，赶紧上前给他们测量体温，然后请他们填写登记表。大多数居民还是很友善的。”

柯贤顺翻出值守那些天拍的照片，照片里的他比着“胜利”的手势，这是对明天的期待，也是对自己的鼓励：“心里会有些怕，但我们年轻身体好，免疫力应该也会强一点吧。这种时候总不能让老人和孩子冲在前面。”

阳光之下总有阴翳的角落，一些冷言冷语泼出的“冰水”，也会伤害火热的心。

一天，一位骑着电动车的大叔想进入小区，为了方便抽烟，他把口罩扯到了下巴处。柯贤顺赶紧走上前去拦住了他：“大叔，这样戴口罩不安全，请您把口罩拉上去吧。”大叔却十分不耐烦地一挥手：“哎呀我就进去一下！”在柯贤顺反复地劝说下，大叔总算把口罩戴好了，却丢下了句：“真烦！”

在“探海先锋”志愿者服务队值守的 10 天时间里，不少志愿者都有类似的经历。这群平均年龄只有二十几岁的年轻人，面对个别群众的不买账和冷言冷语，表现出了极强的耐心和豁达。“一些群众对疫情的严重性认识不足，我们必须反复磨嘴皮。只要他们最后把口罩戴好了，大家都健康，受点委屈算什么。”

六点的风真冷啊

清晨六点，晨光未醒。上海的街巷还少有行人，黑色的柏油马路上带着霜露未消的湿润。远远望去，只有一抹火红的身影立于街口，跳脱于暗沉的画面。

走近一点，会发现这抹红色正在蹦跳游移，像一簇在风中不断颤动的小火苗。“我没想到会这么冷，衣服穿少了。”扶倩正在试图“做功生热”。志愿者们一次要在寒风中值守6小时，在下一班的队员到来之前，扶倩不能离开服务点。

一个简易帐篷，再摆上一张桌子、两把椅子，就是服务点的全部。这也是上海多个街道、社区志愿服务点的“标配”，简单务实、节约高效。

上午9点，温暖的阳光并没有如期而至，湿冷的风倒愈发侵人肌骨。小小的帐篷四下漏风，但也能提供一点微薄的庇护。不过扶倩还是选择了站在门口：“我担心在帐篷里的时候会漏掉进出的行人。”她把身上的红马甲裹得更紧一些，也不敢喝水，因为冰凉的矿泉水会把身体不多的热气给带走。“一有人过来，我就赶紧去帮忙测体温，走动走动身体就没那么僵了。”

2018年进入单位的扶倩，对“探海先锋”志愿服务队的历史了解并不多，只知道这支在党委关怀下成立的队伍，曾用名“上海海事测绘中心青年突击队”。事实上，对志愿精神的领悟更多还是来自身体力行的实践。这一年多来，志愿者们先后参与了“3·5学雷锋清洁家园志愿服务”“红房子医院志愿服务”等公益活动。在扶倩看来，志愿服务不仅意味着一份爱心，也意味着一份责任。“现在街道和居委都在进行小区封闭式管理，我们多承担一些，就可以帮他们减轻压力。”

寒风瑟瑟，微小的“火苗”仍在顽强地跳跃着，点亮申城的街口。

热乎乎的爱心便当

太阳跃上中天，又是一个值守日。个子高高的韩天宇在忙碌了一上午后，感到了饥饿。“午餐的事不用我们操心，一会儿党工部的王柄权就会给我送‘爱心便当’来了。”自从志愿服务队开展服务以来，王柄权就担负起了午餐送饭的工作，每天11点半，风雨无阻。

不过今天，韩天宇没有等来王柄权，党委书记刘谨和团委书记胡言曌亲自拎着盒饭前来送餐。刘谨书记在询问了韩天宇等人的值守情况后，反复叮嘱他们在做好防疫工作的同时照顾好自己，保护自身健康。“书记给我们送饭，让我感受到单位时刻都在关心着我们，心里挺温暖的。”韩天宇笑道。

书记慰问志愿者

温暖的确无处不在。早在抗“疫”动员会上，党委副书记吴琳就为志愿者们发放了口罩、酒精、一次性手套等防疫物资，为志愿者们提供了物质保障；团委书记胡言曌担心志愿者在值守期间体力消耗较大，专门准备了饼干、面包等食物，并经常关心队员身体状况；定海路街道党建办、党群服务中心也为志愿者们送来了慰问品……志愿者们感受到了来自四面八方的“暖流”。

“青春似火，青春闪光，青春无悔，青春不朽”，在这次新冠肺炎疫情期间，“探海先锋”青年志愿者们以辛勤的付出、友善的态度获得不少居民的称赞，定海路街道社区党群服务中心也专程寄来感谢信。

这群可爱的青年，以践行公益、奉献爱心的举动在疫情寒冬中传递了温暖。如果说温暖有专属的颜色，这种颜色应该叫作“志愿红”。

海测文化的“亲善大使”——海海

编　写：秦　政

“这里是东海航海保障中心值班室，接报东海外海发生沉船事故，船上人员失联。请测量船前往事故水域实施扫测！”

“好的，我们马上出发！”

这段对话出自动漫片《探海先锋》。画面中，一只神气活现又正义感满满的小海豚，在超强台风“康妮”逼近前，勇敢地驾船出航实施应急扫测。他可爱又勇敢的形象，给观众留下了深刻印象。

这部动画被上传至腾讯视频，其主角就是测绘中心的吉祥物“海海”。

吉祥物“海海”的诞生

圆鼓的脸蛋，身着海事制服，活泼地跳跃于浪花间——小海豚

吉祥物“海海”

"海海"作为海测文化交流的使者，已经兢兢业业地"履职"十余年了。

"'海海'的出现是个'意外'，我们一开始其实是打算设计单位标志的。"曾在政工科（现党群工作部）任职的于磊笑着说。

那是在 2007 年，当时为了进一步激发职工参与海测文化建设的热情，测绘中心发起了"海测文化标志"征集活动。一时间，不少职工纷纷拿起画笔，描摹自己心中的海测形象。

"汤文钰画了鱼和波浪、王宝文画了模拟海图和刻度尺、韩磊画了一只穿着制服的海豚……"侯红彪（原政工科人员）的电脑里还保存着当年征集来的画稿，他一张张翻过去，"在这个过程中，我们都觉得特别有意思，于是就打算从中选一个形象作为海测的吉祥物。"

讨论的焦点主要集中在海豹和海豚上。

"海豹圆乎乎的形象很可爱，但最终我们还是考虑了海豚。海豚是人类的好朋友，他们很聪明，而且更重要的是，海豚利用声呐进行水下探测与定位，与我们测量工作的原理是一致的。"于磊说道。

在第三届海事测绘文化周上，穿着黄蓝纹水手衫的"海海"第一次亮相，并随后出现在了职工交通卡、内刊《海测报》上。作为海测文化传播的使者，小海豚"海海"的旅途正式开始了。

"海海"担任动画"主角"

"'海海'的形象在 17 年经历过一次大变动。"钱锦超（原政工科人员）回忆道。

最初的"海海"造型出自职工手绘，经过 10 年的时间，动漫业的发展日新月异，人们的审美趣味也发生了很大的变化，上海海事测绘中心需要一个更加亲切、可爱的文化使者，打破海洋测绘在公众心中晦涩难懂的壁垒。

"形象仍然是海豚，但在设计时把脸画得更圆、身材画得更短粗，突出'萌'的元素。"画稿由上海海事测绘中心与专业的设计师日夜打磨，数易其稿，形象日臻完美，还给"海海"换上了新的海事制服与作训服。

新形象有了，怎样让这只小海豚进入公众的视野呢？新的问题摆在了海测人面前。

史晓平主任在上海航标处担任党委书记期间，曾和航标处的同事一起策划了航标公益保护宣传片，并在客轮航线等渠道广泛播出，取得了良好反响。海测工作比较专业，且往往不为人所知，如何让枯燥、专业的海洋测绘工作迈入人们的视野？可爱的“海海”担当起了形象大使。以“海海”为主角、以海测工作特色案例为素材的动漫宣传片《探海先锋》应运而生。

“那段时间我们刚参与了一次应急扫测，就以那次应急故事为例，借助‘海海’传播了海测的主业工作。”胡言罂（原宣传干事）介绍说。

胡言罂和同事李耀一起撰写了剧本初稿，经领导修改后交给动漫设计公司。在近 4 个月的制作时间里，胡言罂最深刻的印象就是对动画细节的反复磋商。“一个表情、一个色号都经常需要修改几次，我们希望能达到最佳效果。”

2019 年 1 月，动漫片《探海先锋》制作完成，成为海测文化交流、公众开放日等活动的“保留节目”。之后又由工作人员将其上传到腾讯视频，“中国海事”微信公众号也专门转载，进一步扩大了“探海先锋”文化品牌的影响力。“海海”作为海测文化品牌的“小明星”，受到了越来越多人的喜爱。

“海海”文创品的开发

如果说之前的“海海”，主要是海测文化的精神符号，那文创产品的开发，则让“海海”从“二次元”进入“三次元”，以更加可触、可感的形象走入职工之中。

“最开始我们主要想装饰一下‘江之畔’职工之家，就制作了一批‘探海先锋’主题面纸盒。后来史主任提出想把‘海海’的元素也加入进来。”于磊说道。

第一批文创产品选择了摆件手办。使用的是时下流行的 3D 打

吉祥物“海海”3D 模型

印技术，这也暗合了海测作为技术型单位对科技的追求。一稿、二稿、三稿……设计师存在电脑里的修改稿达到了 16 版，从“海海”头部的大小、手部的动作到身上制服的细节，无不一丝不苟地修正过。

长、宽约 10 厘米，高约 15 厘米，短圆的眉毛和眼睛，弯曲的尾巴立于一朵浪花上，竖着大拇指的神气小海豚“海海”现今就摆放在“江之畔”职工之家的桌子上，对每一位来客致以灿烂的笑容。

“我们已经给‘海海’申请了版权，之后会进一步用好这个文化标志，制作‘海海’系列文创产品，进一步丰富‘探海先锋’文化品牌的内涵。”党委书记刘谨如是说。

钥匙扣、鼠标垫、胸牌、U 盘……印有“海海”形象的产品被相继开发出来，随着海测职工丈量江海蓝图的脚步被带到天南海北。

“我是‘海海’，我们是上海海测人，我们是探海先锋！”这句话是动漫片《探海先锋》的结语。今后，“海海”这位可爱的“亲善大使”将继续伴随着海测转型发展之路，不断传递最美的海测声音。

换新装——绘出最美海测

编　写：彭舒婷

你听！“啾啾——啾啾啾——啾啾——”是小鸟清脆悦耳的歌声；你闻！桂花、月季花、杜鹃花……芳香扑鼻；你看！枫树、黄杨、樟树……郁郁葱葱。这里鸟语花香，这里生机勃勃，这里就是我们的复兴岛大院。

建设花园式单位

道路的华丽蜕变

“这里的路和以前大不一样，我都以为我走错了！”已经退休近20年的陈乃宽老师傅偶然一次来单位时开玩笑说道。

他说的这条路就是共青路82弄7号进门的那条路。

3年前，这条路只有差不多5米宽，道路的两旁常常被一些废弃物占据，还坑坑洼洼的，如果碰到进门路边垃圾场的垃圾还没清理的时候，一辆小轿车通过都有些困难，更别说两辆车交会了。一旦到了下雨天，积水严重，行人进出都很费劲，有些来办事的客人到了弄堂口甚至都不敢进来。

史晓平主任刚来到上海海事测绘中心时，看到这条路及周边的环境后，摇摇头说：“这条路的环境不行啊，不仅影响了我们员工的出行，而且影响了我们单位的形象，我们要抓紧把这个问题解决掉。”

改造后的共青路82弄

2017年，在史晓平主任的带领下，单位主动与复兴岛82弄另外5家单位沟通，并联系定海路街道一起协商进门道路及周边环境的整治工作。

后勤事务中心的魏学智主任回忆道："因为那是公共区域，除我们单位外，还涉及其他5家单位，而且关系经费等问题，协调推进的过程并不是那么顺利，光开会就开了三四次。"他回想起那时候沟通过程中吃过的"闭门羹"，无奈地摇摇头。

精诚所至，金石为开。史晓平主任不懈地与其余几家单位领导沟通协调，深入分析道路整修的利弊，最终与其余五家单位达成一致意见，并商定出道路改造联合治理方案。在定海路街道的总牵头下，6家单位共同协调出资出力，推进道路修缮。其间还碰到了82弄路口几家居民的反对。联合治理小组详细了解了居民的诉求后，得知原来方案中道路整治需恢复82弄老的大院门，将路口居民排除在外，使他们无法停车。经商议，整治小组在进门路旁划出5个车位供路口居民停车。通过共商共治，终于顺利推进了道路改造项目落地。项目于2017年正式开工，至2018年初完工。

"这条路修好了开车都方便多了，以前这段路不仅通行困难，而且路边堆积的垃圾还散发一股恶臭，尤其到了夏天，大老远就能闻到一股酸臭味。现在好了，道路也宽敞、干净了，还有门岗随时维护秩序，再也不用担心车子不好经过了。"魏学智主任高兴地说。

办公环境换新颜

来到一号楼的三楼，首先映入眼帘的是一面像船形一样的文化墙，船头造型像一面旗帜，赫然印着"党的建设"几个醒目的大字，寓意着在党的领导下，上海海事测绘事业奋力扬帆、载梦远航。一张张过往重大工程的历史照片醒目地排列在船身，靠近船头部分是党的建设板块，靠近船尾的是海测文化建设板块，中间设有液晶显示屏，可根据需要播放视频、图片、PPT等。

"有了这个文化墙，我们可以通过照片、视频等方式，更加直

办公楼文化墙

整修后的办公楼

观地向广大职工传播海测文化、海测价值观。”团委书记胡言罂说道。

而这只是近几年办公场所优化改造的一角。在史晓平主任的带领下，上海海事测绘中心对职工食堂、主要办公楼、海之苑等公共场所进行了重新修缮，对宣传橱窗等软环境也进行了更新布置。

每个办公室那早已褪色的门也终于“退休”，换成了更加大气的枣红色大门；那早已开裂的木质地板也重新进行铺设；还有那原本斑驳的墙壁也重新粉刷……经过改造整修后，办公楼焕然一新。

“现在走进办公室感觉都亮敞多了。”胡言罂说道。而此时，她正在给窗边的绿萝浇水。

除了复兴岛大院里一派绿意盎然外，每个办公室里也都摆放着大大小小不一的绿植，有绿萝、有吊篮、有幸福树……这些绿植给枯燥的办公环境带来一片生机勃勃的景象。

在忙碌工作时,看看这些可爱的绿色小生物,心情也就平静下来了。

垃圾分类我先行

“您好，请把湿垃圾倒在这个垃圾桶里。”穿着红色小马甲的志愿者王文静站在食堂的餐盘回收处,耐心地引导同事进行垃圾分类。

而在她的旁边放着分别贴有“干垃圾”和“湿垃圾”标志的两个垃圾桶。以前，职工们吃完午饭后就把餐盘里的垃圾一股脑全倒进一个垃圾桶里。现在不同了，剩饭剩菜属于湿垃圾，要倒到湿垃圾桶里，而用过的纸巾、牙签、喝剩的酸奶瓶等属于干垃圾，要倒到干垃圾桶里。

2019 年 7 月 1 日，《上海市生活垃圾管理条例》开始实施，上海海事测绘中心严格执行垃圾分类制度，在食堂门口、宣传橱窗等显眼的地方贴着垃圾分类的宣传语，鼓励单位职工做好垃圾分类工作。

在复兴岛大院 7 号楼旁，可以看到一个红砖平房里，整齐地排放着十几个贴有“干垃圾”、“湿垃圾”、“可回收垃圾”及“有害垃圾”标志的四种标准颜色的垃圾桶。每个垃圾桶里都放着对应的垃圾,而垃圾房的地面也干干净净,一点也不像以前那样黏黏糊糊的了。

“垃圾是放错地方的宝藏，对垃圾的合理、妥善的处置对于优化办公环境、提升生态循环能力、建设资源节约型社会有着重要意义。”史晓平主任说道。

在美景如画的复兴岛大院里，崭新的硬件环境与浓郁的文化软环境相得益彰，你会把自己的身心整个融入其中，用心去聆听大自然的声音……

后记

《探海先锋》故事集讲述了海测人忠诚与奉献、奋斗与开拓的感人故事，生动诠释了海测人“尺幅千里、追求卓越”的精神。

编写工作启动后，编撰工作历时近一年，经过十几次的精心打磨和专题研讨，最终顺利完成。感谢为海事测绘事业作出贡献的广大海测职工们，大家的踊跃投稿为本书的编撰工作提供了极大的帮助。充足的素材、充实的内容是海测故事的筋骨与血肉。众多老领导、老专家、老前辈在本书资料收集、分纂审阅、初稿评议等阶段给予了指正、补白和建议，使之更臻圆满。本书在编辑出版过程中，得到了上海浦江教育出版社的大力支持和密切配合，社长助理于杰和编辑张怡等同志，为按时保质完成编辑出版任务倾注了大量的时间和精力。在此，谨向所有参与和支持本书资料收集、文字编撰及给予指导和帮助的单位和同志一并致以衷心的感谢！

在即将付梓之际，欣闻《探海先锋》被列为“上海市重点图书”，并争取到了“上海文化发展基金”的资助，我们整个编写团队备受鼓舞、倍感振奋。这本书只是展现海测精神的一个开始，今后我们将继续加强文化建设，以海测精神为引领，让更多的人了解和加入这个向海图强、为努力建设海洋强国和交通强国而奋斗不息的“探海先锋”大家庭。

搏浪方知沧海阔，攀峰又见碧山雄。最后，祝愿每一个致力于海事测绘事业的人都能在万里蓝海之路上劈波斩浪，携手并肩，向着深蓝进发，向着中华民族伟大复兴的中国梦前进！

图书在版编目（CIP）数据

探海先锋 / 上海海事测绘中心主编 .—上海：上海浦江教育出版社有限公司，2021.3

ISBN 978-7-81121-702-5

Ⅰ.①探…　Ⅱ.①上…　Ⅲ.①海洋测量—工作人员—先进事迹—中国　Ⅳ.①K826.14

中国版本图书馆 CIP 数据核字（2021）第 050765 号

TANHAI XIANFENG
探海先锋

上海浦江教育出版社出版发行
社址：上海海港大道 1550 号上海海事大学校内　邮政编码：201306
电话：（021）38284912（发行）　38284923（总编室）　38284910（传真）
E-mail: cbs@shmtu.edu.cn　URL: http://www.pujiangpress.cn
上海商务联西印刷有限公司印装
幅面尺寸：148 mm × 210 mm　印张：8.25　字数：218 千字
2021 年 3 月第 1 版　2021 年 3 月第 1 次印刷
策划编辑：于杰　张怡　责任编辑：张怡　封面设计：刘严
定价：60.00 元